ANNE BJØRNEBEK

TROLL I ORD

NORSK SOM
FREMMEDSPRÅK

ASCHEHOUG

Ny utgave av *Troll i ord*

Troll i ord er et læreverk for begynner-opplæring i norsk som fremmedspråk. Det egner seg for ungdom og voksne ved lære-steder både i Norge og i utlandet. Lære-verket består av lærebok, øvingsbok og CD med innleste leksjonstekster og lytte-øvinger. Øvingsboka inneholder også fasit til oppgavene, og læreverket egner seg derfor godt for selvstudium.

Læreboka er delt inn i 24 leksjoner med et totalt ordforråd på ca. 1500 ord og ut-trykk. Hver leksjon har et utvalg av bundne og frie oppgaver, og i denne nye utgaven er oppgavestoffet revidert og utvidet med blant annet Internett-oppgaver og nye bildeoppgaver. Leksjonstekstene er også oppdatert, men uten vesentlige endringer på tekstplanet. Historien om den franske fotografen på en spennende reise rundt om i Norge er altså i behold, og i tillegg er det kommet flere foto, som i enda større grad gjør boka til en norgesbok. Emnene og ordvalget er lagt opp slik at det for-bereder og letter overgangen til autentiske tekster seinere. Samtidig vil brukeren få et nyttig språklig redskap til en reise-, studie- eller arbeidssituasjon i Norge.

Det er lagt vekt på en klar grammatisk progresjon og en mer autentisk språk-føring, og det er blant annet gjennomført flere a-former i substantivbøyningen i for-hold til den tidligere utgaven. Strukturen ellers er den samme med ordlister og grammatiske kommentarer til hver leksjon, og med en grammatisk oversikt og en samlet, alfabetisk ordliste bakerst med oversettelse til både engelsk, tysk og fransk. En god del av oppgavestoffet er også lagt til læreboka. Dette gjelder særlig oppgaver og aktiviteter som egner seg for en lærer-styrt undervisningssituasjon.

Den nye utgaven av øvingsboka er oppdatert og revidert i forhold til lære-boka. Den inneholder muntlige øvinger og lytteøvinger til hver leksjon, og dette øvingsstoffet, sammen med lydstoffet på CD, egner seg for individuell trening, eventuelt også i språklaboratorium, og for selvstudium. Øvingsboka inneholder i til-legg oppsummeringsoppgaver til de tre hovedbolkene i læreboka, og den har fasit til oppgavene, også til dem som står i lære-boka. Øvingsboka inneholder en kort lærerveiledning med kopieringsoriginaler og tips til læreren om undervisningsopp-legg.

Alt lydstoffet er oppdatert og ligger nå på CD. Alle leksjonstekstene i læreboka er lest inn, og øvingsstoffet med uttale-øvinger, strukturøvinger og lytteøvinger fra øvingsboka gjør læreverket egnet for selv-studium.

Et av de viktigste målene med lære-verket har vært å gi elever, studenter og lærere spennende, innholdsrike og meningsfulle tekster å arbeide med. Tekstene er utformet som en sammen-hengende kriminal- og kjærlighetshistorie, der vi følger den franske fotografen Annie på en hendelsesrik reise til ulike steder i Norge. Den sammenhengende historien stimulerer til samtale og diskusjon, og lære-verkets presentasjon av Norge gir et godt utgangspunkt for å ta opp viktige sider ved norsk geografi, kultur og samfunnsliv generelt.

Til slutt vil jeg få takke alle som har hjulpet til under arbeidet med råd, opp-muntring og kommentarer, til studenter og lærere i Norge, Frankrike og Tyskland.

Takk spesielt til Live Løveid Rykkja, som har bidratt med Internett-oppgavene i den nye utgaven.

Tsurumaki Minami, Japan, januar 2000
Anne Bjørnebek

Med takk til Pål som materialiserte seg sommeren 1991.

INNHOLD

SVALBARD

Longyearbyen

Kirkenes

Alta

Tromsø

Bardufoss

Evenes

Bodø

Polarsirkelen

NORDLANDSBANEN

Brekstad

Trondheim

Lom

Oljeplatt-
form

SOGNEFJELL

Årdal

NORDSJØEN

Voss

Hol

Bergen

Oslo

Kinsarvik

HAUKELIFJELL

Valle

Stavanger

Kristiansand

REISERUTE

L 1	Kristiansand	lørdag	5. mai
L 2	Valle	søndag	6. mai
L 3	Haukelifjell	mandag	7. mai
L 4	Kinsarvik	tirsdag	8. mai
L 5	Bergen	onsdag	9. mai
L 6	Bergen	fredag	11. mai
L 7	Voss	torsdag	24. mai
L 8	Årdal	fredag	25. mai
L 9	Lom	lørdag	26. mai
L 10	Nordlands-
banen	onsdag	30. mai
L 11	Bodø	onsdag	6. juni
L 12	Bodø	søndag	10. juni
L 13	Svalbard	onsdag	13. juni
L 14	Alta	lørdag	16. juni
L 15	Alta	lørdag	16. juni
L 16	Alta	søndag	17. juni
L 17	Bodø	søndag	17. juni
L 18	Trondheim	mandag	18. juni
L 19	Brekstad	onsdag	20. juni
L 20	Nordsjøen	fredag	22. juni
L 21	Stavanger	fredag	22. juni
L 22	Stavanger	lørdag	23. juni
L 23	Hol	lørdag	14. juli
L 24	Oslo	lørdag	20. okt.

LEKSJON 1

Hos Tor Bakke i Kristiansand

Annie: God dag. Jeg heter Annie Clavel. Jeg er fotograf, og jeg kommer fra Frankrike.

Tor: God dag og velkommen til Norge. Jeg heter Tor Bakke. Jeg er lærer i norsk og fransk her i Kristiansand. Vær så god, kom inn.

Annie: Tusen takk.

Tor: Kommer du med fly?

Annie: Nei, jeg kommer med båt fra Danmark.

Tor: Dette er Kari Dale. Hun er student.

Kari: Hei. Vil du ha en kopp kaffe?

Annie: Ja takk, gjerne. Hvor studerer du, Kari?

Kari: I Bergen. Jeg er bare på ferie her.

Annie: Hva studerer du?

Kari: Jeg studerer engelsk. Er du også student, Annie?

Annie: Nei, jeg arbeider for en fransk avis. Jeg skal fotografere i Norge.

Kari: Vil du være med til Bergen? Jeg har bil, og jeg reiser i morgen.

Annie: Ja, tusen takk. Jeg vil gjerne fotografere i Bergen.

«Forstår du?»
Lærer og elev i arbeid

Substantiv

m
en leksjon
en fotograf
en lærer
en båt
en ferie
en student
en kopp
en kaffe
en bil
en morgen
en dag

m/f
en/ei tekst
en/ei avis

n
et fly

Adjektiv
norsk
fransk
engelsk

Verb
hete
være
komme
arbeide
fotografere
studere
ville
reise
ha
skulle

Adverb
her
gjerne
bare

Konjunksjoner
og

Preposisjoner
hos
i
fra
til
med
på
for

Artikler
en (**m**)
ei (**f**)
et (**n**)

Pronomen
jeg
du
hun
han

Demonstrativ
dette

Spørreord
hvor
hva

Svarord
nei
ja

Uttrykk
god dag
velkommen til
på ferie
dette er ...
hei
ja takk
tusen takk
være med
i morgen
vær så god

1 Personlige pronomen, entall

jeg
du
hun
han

2 Verb – presens

heter
er
har
kommer
reiser
skal
studerer
arbeider

3 Substantiv, ubestemt form, entall

m	m/f	n
en lærer	en/ei tekst	et fly
en kopp		
en bil		

4 Spørreord

Hva heter du?
Hvor studerer du?

5 Demonstrativ

Dette er ...

6 Leddstilling A: helsetninger

Jeg heter Annie Clavel.
Jeg vil gjerne fotografere i Bergen.
Kommer du med fly?
Vil du ha en kopp kaffe?

(Se skjema s. 172)

a Hulltekst

Les først teksten til høyre. Dekk den så med et ark.
Diktat: Fyll inn ordene som mangler, skriftlig eller muntlig, etter hvert som læreren leser.
Muntlig trening to og to:
Én leser fra kolonnen til venstre mens den andre kontrollerer i kolonnen til høyre.
Selvstudium: Sett inn ordene som mangler. Kontroller selv ved å føre arket nedover.

Annie Clavel .... til Tor Bakke	Annie Clavel kommer til Tor Bakke i
Kristiansand. Annie er .... Hun	Kristiansand. Annie er fransk. Hun er
fotograf. Tor ...... norsk. ...... er lærer i	fotograf. Tor er norsk. Han er lærer i
.... og .... Annie kommer	norsk og fransk. Annie kommer med
...... fra Danmark. ...... fotograferer i	båt fra Danmark. Hun fotograferer i Norge.
Kari Dale er .... Hun studerer i	Kari Dale er student. Hun studerer i
Bergen. Hun er .... i Kristiansand.	Bergen. Hun er på ferie i Kristiansand.
Hun ...... bil og .... til Bergen med	Hun har bil og reiser til Bergen med
Annie. Annie .... fotografere	Annie. Annie vil gjerne fotografere i
Bergen.	Bergen.

b Riktig/galt.
Sett strek under det som er riktig
Annie er lærer i norsk. Tor er fransk. Tor er student. Kari er student. Annie har bil. Kari har båt. Annie vil ha en kopp kaffe. Kari vil gjerne fotografere i Bergen.

c Sett inn verb i presens
Tor ...... i Kristiansand. Han .... fra Norge. Annie ...... med båt. Hun .... fransk. Kari ...... i Bergen. Hun ...... bil. Annie ...... gjerne ha en kopp kaffe.

d Sett inn personlige pronomen
(Kari) ...... er student. (Tor) ...... arbeider i Kristiansand.

Annie: Hvor reiser ...... i morgen?

Kari: ...... reiser til Bergen.

e Lag spørsmål
...............................? Jeg er lærer.

...............................? Jeg arbeider i Oslo.

...............................? Kari studerer engelsk.

...............................? Nei, jeg er på ferie her.

...............................? Ja takk, gjerne.

f Hørespill
Lær replikkene i leksjonen utenat, og spill inn dialogen på kassettspiller.

g Intervju hverandre
Hva heter du?
Hva studerer du?
Hvor studerer du?
Hvor arbeider du?
Hvor kommer du fra?
etc.

h Den kvinnelige fotografen på bildet på side 5 er *ikke* Annie på tur i Norge. Hvem er hun, og hvor var hun da dette bildet ble tatt? Og hva er det hun selv tar bilde av? Arbeid sammen to og to og lag en liste over ulike muligheter. Les opp forslagene og velg *ett* av dem som så skal være utgangspunkt for en fellesstil som alle i klassen bidrar med informasjon til etter tur.

i Bildet er hentet fra omslaget til en kriminalroman. Hva heter romanen? Lag en tittel som passer. Tittelen skal inneholde minst ett adjektiv, og den skal være på maksimum seks ord.

j Finn et kart over Europa. Skriv de *norske* navnene på land og hovedsteder.

k Finn en oversikt over universiteter i de hovedstedene du fant fram til i oppgave **j**. Gå sammen i grupper og still hverandre spørsmål av typen:
«Vil du fotografere i ....?»
«Vil du studere i ....?»
«Vil du arbeide i ....?»
«Hvor vil du fotografere/studere/arbeide?»

LEKSJON 2

Valle i Setesdal

Kari og Annie kjører nordover gjennom Setesdal. Det er seint, og de ser etter et sted å overnatte. Kari har et kart over Sør-Norge.

Annie: Hvor skal vi overnatte?
Kari: Vi kan overnatte på Valle Turistheim. Der er det sikkert et rom ledig. Vi kjører dit.

Kari spør Ingrid Berg på Valle Turistheim:

Kari: Unnskyld, er det et rom ledig her?
Ingrid Berg: For to personer? Vi har ikke to rom, dessverre, men dere kan få ett rom med to senger.
Kari: Ja takk, det er i orden.
Ingrid Berg: Vær så god, det er rom nummer to.
Kari: Tusen takk.

Kari og Annie går inn. De ser to senger med dyner, et bord, to stoler, to vinduer med gardiner, et teppe og en vask med to glass. Det er ikke dusj der. Utenfor ser de en elv, et fjell og en vei med tre biler. Det regner.

Frokost på Mårbu turisthytte, Hardangervidda

Substantiv

m
en person
en stol
en vask
en dusj
en vei

m/f
en/ei seng
en/ei dyne
en/ei elv

n
et sted
et kart
et rom
et nummer
et bord
et vindu
et teppe
et glass
et fjell

m/f/n
en/ei/et gardin

Adjektiv
ledig

Verb
kjøre
se
overnatte
kunne
gå
regne
spørre
få

Adverb
nordover
sent/seint
der
dit
sikkert
dessverre
utenfor
ikke

Konjunksjoner
men

Preposisjoner
gjennom
over

Pronomen
det
vi
dere
de

Tallord
to
tre
tusen

Uttrykk
gå inn
se etter
i orden
unnskyld

GRAMMATIKK

1 Personlige pronomen

entall	flertall
jeg	vi
du	dere
han	de
hun	

2 Ubestemt pronomen *det* som formelt subjekt

Det regner.
Det er sent.
Det er ikke dusj der.

3 Stedsadverb: *dit, der*

dit
(bevegelse)

der
(ikke bevegelse)

4 Substantiv, ubestemt form

	entall	flertall
m	en stol	stoler
	en vask	vasker
	en vei	veier
m/f	en/ei seng	senger
	en/ei dyne	dyner
n	et vindu	vinduer
	et teppe	tepper
	et kart	kart/karter
	et bord	bord/border
	et rom	rom
	et fjell	fjell
	et glass	glass
	et sted	steder **NB**

De fleste enstavelsesord i intetkjønn får ikke endelsen -er i flertall ubestemt form. Unntak: *et sted.* Se fullstendig liste over uregelmessige substantiv på side 165.

5 Framtid

Presens Jeg reiser i morgen.
Futurum Jeg skal reise i morgen.
(skal/vil + infinitiv)

6 Leddstilling A:
– helsetninger med *ikke*
Vi har *ikke* to rom.
– helsetninger med foranstilt adverbial
Utenfor ser de en elv.
(Se skjema s. 172)

OPPGAVER

a Hulltekst (Se instruksjon s. 8)

Kari og Annie .... med bil ......
Valle. De .... på Valle
Turistheim. Kari .... et kart ...... Sør-
Norge. ...... kjører .... Kari ....
Ingrid Berg. De vil .... et rom med to
.... Det .... i orden. De ....
inn. De .... to senger ...... dyner.
De ...... ikke ...... biler utenfor. ....
ikke.

Kari og Annie kommer ikke med bil til
Valle. De overnatter ikke på Valle
Turistheim. Kari har ikke et kart over Sør-
Norge. De kjører ikke dit. Kari spør ikke
Ingrid Berg. De vil ikke ha et rom med to
senger. Det er ikke i orden. De går ikke
inn. De ser ikke to senger med dyner.
De ser ikke tre biler utenfor. Det regner
ikke.

b Sett inn preposisjoner

Vi kjører .... Setesdal. Ingrid Berg har
ikke et rom ...... én person. De ser et vindu
...... gardiner. Annie kommer ...... Tor. Kari
er ...... Tor. Hun er ...... ferie ......
Kristiansand. Vil du være med ...... Bergen?
Jeg reiser ...... morgen. Hun vil gjerne over-
natte ...... Bergen. Jeg har et kart ......
Frankrike. De har et bord ...... to personer.
De overnatter ...... Ingrid Berg. Tor arbeider
...... Kristiansand. Vi kjører ...... Bergen.

c Erstatt med personlige pronomen

Kari og Annie kjører gjennom Setesdal.
...... kjører gjennom Setesdal.
Skal *du og Kari* reise til Bergen?
Skal .... reise til Bergen?
Ja, *Kari og jeg* skal reise til Bergen.
Ja, ... skal reise til Bergen.
Kari har bil.
...... har bil.
Tor er lærer.
...... er lærer.

d Entall – flertall

Se på tegningene og spør hverandre to og to etter følgende mønster:
Hva er det? Det er en båt. Det er to båter ...

e Presens av verb

Finn presensformene av disse verbene og sett dem inn i teksten:
kjøre, overnatte, se, gå, spørre, ha

De ...... en vei med to biler. Hun ...... en

båt. Kari ...... : .... du bil? De ...... inn.

De .... på Valle Turistheim.

f Tegning

Tegn rommet til Kari og Annie på Valle Turistheim. Sett navn på tingene der. Sammenlikn tegningene. Blir rommene svært forskjellige?

g Hvilke produkter vil du vanligvis finne på et norsk frokostbord? (Se bildet s. 10.)

h En amerikansk, en engelsk, en fransk og en japansk turist spiser frokost på turisthytta. Hva tror du hver av dem vil like av det som er på frokostbordet, og hva tror du de vil savne?

i Fem av personene på bildet er studenter på tur sammen i Jotunheimen. De har en bestemt interesse felles, og de er i Jotunheimen for å drive med en bestemt aktivitet. Hva gjør de der, og hvordan går det med dem? Arbeid sammen i små grupper og presenter deretter muntlig en rapport fra turen for de andre i klassen.

j Bruk Internett. Søk på <u>Den Norske Turistforening.</u> Lag en liste over hva du kan gjøre på ferie i Valle i <u>Setesdal.</u>

k Bruk materialet som du har funnet på Internett om Den Norske Turistforening. Velg ett av de tre fjellområdene Jotunheimen, Rondane eller Hardangervidda. Lag et opplegg til en firedagers fottur der du både planlegger hvor lang hver dagsmarsj skal være, hvor turen skal gå, og hva deltakerne bør ha på seg og med seg i ryggsekken.

På vei til Bergen

Kari og Annie kjører i en liten, rød bil over Haukelifjell. Det er fint vær og blå himmel. Annie har et stort, tungt fotoapparat, og hun tar mange bilder.

Annie: Se der, et lite, brunt hus av tre med grønt tak! Er det gress?
Kari: Ja, det er det. Det er et trehus med gresstak.
Annie: Å, så pent!
Kari: Ja, ikke sant?

Annie tar tre bilder, og de kjører videre. Etter fire kilometer sier hun:

Annie: Stopp, Kari! Se så mange geiter! Seks, sju, – nei, åtte geiter og ei lita, grå der borte! Jeg vil ta et par bilder til.
Kari: Hvor mange bilder skal du ta?
Annie: Mange!

Hun tar fem bilder til, og så kjører de videre. Etter en liten stund sier Kari:

Kari: Nå kommer vi til en tunnel. Den er to kilometer lang. Vil du ikke ta bilder nå?
Annie: Nei, det vil jeg ikke. Det er for mørkt. Men se, nå kommer vi til en lang tunnel til. Den er seks kilometer lang! Kjør, Kari!
Kari: Ja, det gjør jeg, jo!

Kultur-kollisjon på Haukelifjell

Substantiv

m
en himmel
en kilometer
en tunnel

n
et vær
et fotoapparat
et bilde
et hus
et tre
et tak
(et) gress/gras
et par

m/f
en/ei stund
en/ei geit

Adjektiv
liten
fin
stor
tung
pen
sann
lang
mørk
god
rød
blå
brun
grønn
grå

Verb
ta
si
stoppe
gjøre

Adverb
videre
så
borte
nå
for (altfor)

Pronomen/ Demonstrativ
den
det

Preposisjoner
av
etter

Svarord
jo

Kvantorer
mange

Tallord
1 en, ett
2 to
3 tre
4 fire
5 fem
6 seks
7 sju
8 åtte
9 ni
10 ti

Uttrykk
på vei til
ikke sant?
der borte
to bilder til
hvor mange
2 km lang
så pent

1 Verb – imperativ

kjøre   –   kjør!
komme –   kom!
stoppe   –   stopp!
se   –   se!

2 Sammensatte substantiv

et hus av tre   –   et trehus
et tak av gress   –   et gresstak

3 Personlige pronomen (ting og dyr)

den: Jeg ser *en* seng. *Den* er lang.
den: Jeg ser *ei* geit. *Den* er grå.
det: Jeg ser *et* hus. *Det* er stort.

4 Adjektiv, ubestemt form, entall

m	f	n
en stor bil	ei stor geit	et stort hus
en lang vei	en/ei lang elv	et langt teppe

Forenklet konsonant
en grønn bil   en/ei grønn seng   et grønt tak

Dobbel t
en grå stol   ei grå geit   et grått hus
en blå båt   en/ei blå dyne   et blått bilde

Unntak for *liten*
en liten kopp   ei lita geit   et lite glass

5 *Gjøre* som pro-verb

Kjører du bil?   Ja, det gjør jeg.
Ser du et fjell?   Ja, det gjør jeg.
Har du bil?   Ja, det har jeg.
Er du student?   Ja, det er jeg.
Vil du ta bilder?   Ja, det vil jeg.
Skal du reise?   Ja, det skal jeg.
Kan du kjøre bil?   Ja, det kan jeg.

6 Leddstilling A: helsetninger med foranstilt adverbial (se også leksjon 2)

Etter en liten stund kjører de videre.
Nå kommer vi til en lang tunnel.
..., og *så* kjører de videre.
(Se skjema s. 172)

a Hulltekst

Kari ...... Annie er .... Bergen. De .... i en ...., ... bil. Kari har .... kart ...... Sør-Norge. Annie ...... mange .... De ser et ......, ... hus med .... tak. Det er et .... med .... Etter fire kilometer .... Kari. Annie ...... ni .... og ...... fem bilder. Så .... de ...... en tunnel. ...... er to kilometer .... Annie vil .... bilder der. Det er .... Så .... til en .... tunnel. ...... er seks kilometer ....

Kari og Annie er på vei til Bergen. De kjører i en liten, rød bil. Kari har et godt kart over Sør-Norge. Annie tar mange bilder. De ser et lite, brunt hus med grønt tak. Det er et trehus med gresstak. Etter fire kilometer stopper Kari. Annie ser ni geiter og tar fem bilder. Så kommer de til en tunnel. Den er to kilometer lang. Annie vil ikke ta bilder der. Det er for mørkt. Så kommer de til en lang tunnel. Den er seks kilometer lang.

b Lag spørsmål og svar

Eks. – *Hvor mange kopper kaffe drikker Annie?*
– *Hun drikker tre kopper kaffe.*

c Tall

Lag enkle regnestykker for hverandre, f. eks.:
5 + 3 = 8 (fem pluss tre er lik åtte).
5 – 3 = 2 (fem minus tre er lik to).
Se hvor raskt dere klarer å svare!

d Skriv

Velg tre bilder fra din egen fotosamling.
Gå sammen to og to og prøv om dere kan
lage en historie med utgangspunkt i de
seks bildene dere har. Dere kan velge
rekkefølgen fritt. Kopier og monter bildene
på et lysark, og fortell historien for de
andre i klassen.

---

e Bruk en oversikt over norske trafikkskilt
fra en NAF-bok e. l. Arbeid to og to med å
høre hverandre i teksten til skiltene. Er det
noen av skiltene som ikke finnes i ditt eget
land? Og kanskje det er noen skilt som er
spesielle for landet eller området du
kommer fra?

---

f Du er nederlender og er på biltur for
første gang i Sør-Norge (se bilde s. 14).
Det regner, og du kjører alene over
Haukelifjell en ettermiddag i august mens
du hører på din yndlingsmusikk i bilen.
Du har kjørt langt og er trøtt. Plutselig skjer
det noe ...
Arbeid to og to og velg én av oppgavene:
a) Skriv stikkord til handlingen i en novelle-
film basert på episoden.
b) Skriv en indre monolog om hva du
tenker i denne situasjonen, og les
monologen inn på bånd.
Legg til lydeffekter hvis du kan!

g Finn postkort eller fotografier med
forskjellige norske motiver og grupper dem
to og to etter motiv slik at hvert par av
postkort har visse likhetspunkter.
(Let gjerne på nettet.) To og to studenter
øver sammen ved å spørre hverandre om
hva som er på den andres kort.
Eks.
«Ser du et fjell/hus? Er det et trehus/brunt
hus?» osv.

LEKSJON 4

Med ferge over Hardangerfjorden

Ferge på veg over Hardanger- fjorden

For å komme til Bergen, må Kari og Annie ta ferge fra Kinsarvik til Kvanndal. Det går tre ferger over Hardangerfjorden, og de får plass på ei ferge som heter «Kinsarvik».

Annie: Det er så mange biler her, både norske og utenlandske, og mange store lastebiler og busser. Kan ei ferge virkelig ta så mange?

Kari: Jeg håper det. Er du ikke sulten? Jeg dør av sult snart.

Annie: Og jeg dør av tørst. Skal vi ikke ha noe å drikke? En øl kanskje? Det er en kafeteria nede. Kom, Kari!

Kari: Øl? Nei, vi får ikke øl her.

Annie: Hvorfor ikke?

Kari: Fordi vi er på Vestlandet nå, og her kan du ikke få øl alle steder.

Annie: Men i Bergen, da?

Kari: Ja, der kan du få mye godt både å spise og drikke.

De går ned og får plass ved et lite bord med to små stoler.

Kari: Hva vil du ha, Annie? Se, her er en prisliste.

PRISLISTE *

Smørbrød:
Reker med majones...................... kr. 50
Karbonade med løk...................... kr. 40
Røykelaks.................................... kr. 50
Leverpostei med agurk.................. kr. 40

Rundstykke med skinke eller ost... kr. 25
Pannekake med syltetøy................ kr. 20
Vaffel med syltetøy....................... kr. 20

Kaffe.. kr. 10
Te.. kr. 10
Lettøl... kr. 30
Vørterøl...................................... kr. 30
Mineralvann................................ kr. 20
Melk... kr. 15

* Læreren setter inn
priser som passer.

Annie: Hva er lettøl?

Kari: Det er lyst øl med lite alkohol.

Annie: Og vørterøl, hva er det?

Kari: Det er brunt, søtt øl uten alkohol.

Annie: Huff! Det vil jeg ikke ha! En stor kopp svart kaffe til meg, takk, og et rundstykke med skinke.

Kari: Jeg tar en mineralvann og en pannekake med syltetøy.
Det blir ... kr for deg og ... kr for meg.

Erik Kirkerud fra Hamar og Liv Pettersen fra Stavanger reiser også med «Kinsarvik». Han tar en lettøl, og hun tar en kopp te og en vaffel med syltetøy. Det blir ... kr for ham og ... kr for henne. Per Kapland og Kjell Brekke tar en mineralvann hver. Det blir ... kr for dem. En høy mann med mørke briller og et stort skjegg tar et rekesmørbrød. Han ser på Kari og Annie.

Substantiv

m
en plass
en lastebil
en buss
(en) sult
(en) tørst
*en øl
en kafeteria
en majones
en karbonade
en løk
en røykelaks/
  røkelaks
en leverpostei
en agurk
en ost
en vaffel
*en te
*en lettøl
*en vørterøl
*en mineralvann
(en) alkohol
en mann

* (= et glass / en
flaske øl/mineral-
vann, en kopp te)

m/f
en/ei ferge
en/ei prisliste
en/ei reke
en/ei skinke
en/ei pannekake
en/ei melk
en/ei krone
en/ei brille

n
(et) øl
(et) lettøl
et smørbrød
et rundstykke

(et) syltetøy
(et) smør
(et) mineralvann
et skjegg

Adjektiv
utenlandsk
sulten
tørst
lys
søt
svart
høy
lett
liten

Verb
måtte
la
håpe
dø
drikke
spise

Adverb
virkelig
snart
nede
ned
også

Konjunksjoner
både – og

Subjunksjoner
fordi
som

Preposisjoner
ved

Kvantorer
alle
hver

Tallord
11 elleve
12 tolv
13 tretten
14 fjorten
15 femten
16 seksten
17 sytten
18 atten
19 nitten
20 tjue
21 tjueen
22 tjueto
23 tjuetre
24 tjuefire
25 tjuefem
26 tjueseks
27 tjuesju
28 tjueåtte
29 tjueni
30 tretti

Spørreord
hvorfor

Pronomen
meg
deg
ham
henne
oss
dere
dem

Uttrykk
så mange
hvorfor ikke?
alle steder
en mineralvann
hver
huff!
for å
mye godt

1 Personlige pronomen

	Subjekts-form	Avhengighets-form
entall		
1. person	jeg	meg
2. person	du	deg
3. person	han	ham/han
	hun	henne
	den	den
	det	det

flertall		
1. person	vi	oss
2. person	dere	dere
3. person	de	dem

Merk:
2. person, entall, høflighetsform

	De	Dem

2 Substantiv med uregelmessig flertall

entall	flertall
en mann	menn
et tre	trær
en vaffel	vafler
en himmel	himler
et nummer	nummer/numre
en lærer	lærere

(Se fullstendig liste s. 165-166)

3 Subjunksjonen *som*

En mann *som* heter Tor.

4 Adjektiv ubestemt form

entall	flertall
en stor båt	store båter
en/ei stor geit	store geiter
et stort hus	store hus

Merk:

en sulten person	sult*ne* personer
en liten bil	*små* biler
en blå stol	*blå* stoler

5 Nøytrum av adjektiv (uregelmessig bøyning)

m og f	n
en svart båt	et svart bord
en søt vaffel	et søtt øl
en fransk bil	et fransk fly
en ledig plass	et ledig bord

Adjektiv på -*t* får samme form i nøytrum. Unntak *søt*.

Adjektiv på -*sk* får ikke -*t* i nøytrum.

Adjektiv på -*ig* får ikke -*t* i nøytrum.

6 Stedsadverb: *ned – nede*

Han går *ned*.   Han er *nede*.
(med bevegelse) (uten bevegelse)

7 Spørsmål og svar

Hvorfor tar Liv Pettersen en mineralvann?
Fordi hun er tørst.

8 Leddstilling A:

– helsetninger med *leddsetning*

Vi får ikke øl | fordi vi er på Vestlandet nå |.

Der ser jeg ei ferge | som vi kan ta |.

– spørsmål med *ikke*
Skal vi *ikke* ha noe å drikke?

9 Leddstilling B: leddsetninger

| De får plass på ei ferge | som heter «Kinsarvik» | . |

(Se skjema **A** og **B** s. 172)

OPPGAVER

a Hulltekst

For å komme ...... Bergen, ... Kari og
Annie ta .... Det ...... tre ferger
.... Hardangerfjorden, og de ...... plass
...... en av dem. Det er mange .... og
.... biler der, og mange ....
og .... Kari er ...., og Annie ......
tørst. De går ...... og får .... ved et
.... bord med to stoler. De ser på en
.... Annie tar en kopp ....
.... og et .... med skinke, og
Kari ...... en mineralvann og en pannekake
.... De ser en ....
med .... briller og et stort ....
Han tar et ....

For å komme til Bergen, må Kari og
Annie ta ferge. Det går tre ferger
over Hardangerfjorden, og de får plass
på en av dem. Det er mange norske og
utenlandske biler der, og mange lastebiler
og busser. Kari er sulten, og Annie er
tørst. De går ned og får plass ved et
lite bord med to stoler. De ser på en
prisliste. Annie tar en kopp svart
kaffe og et rundstykke med skinke, og
Kari tar en mineralvann og en pannekake
med syltetøy. De ser en høy mann
med mørke briller og et stort skjegg.
Han tar et rekesmørbrød.

b Riktig/galt.
Sett strek under det som er riktig
Annie og Kari kjører med buss fra Kinsarvik
til Kvanndal. Kari er sulten. De får plass ved
et stort bord. Kari vil ha vørterøl. Annie tar
et rundstykke med skinke. En mann med
briller og skjegg tar en pannekake med
syltetøy.

c Skriv om til entall
Jeg ser mange blå tak. Her er to franske
lærere. Her er fire grønne trær. Kari har to
gode kart. De har to grå tepper. Her er to
små stoler. Der er tre ledige bord. Jeg ser
mange høye menn.

d Lag setninger med adjektiv og tall fra en til tolv

TALLORD	ADJEKTIV	SUBSTANTIV
en	ledig	person
to	norsk	fjell
tre	søt	fotograf
fire	svart	lærer
fem	fransk	student
seks	liten	bil
sju	engelsk	ost
åtte	lys	krone
ni	høy	geit
ti	tørst	rom
elleve	sulten	elv
tolv	lett	dyne

e Lag adjektiviske leddsetninger med *som*
Eks.
Jeg ser en mann. Han heter Erik.
Jeg ser en mann som heter Erik.

Vi tar to bilder. De er gode.
Han kjører en lastebil. Den er tung.
Jeg ser et tre. Det er grønt.
Det er en mann. Han vil reise til Oslo.
Her er en student. Hun skal reise til Danmark.
Jeg ser et fly. Det skal jeg ta til Stavanger.
Hun har en bil. Den skal hun kjøre til Valle.

f Leddstilling: Fortsett setningene som begynner med adverb
Skriv først setningene fullt ut slik eksemplet viser, og kontroller at ordstillingen er riktig. Arbeid deretter sammen to og to. Den ene leser setning A, den andre B. Ikke se i boka når B-setningen framføres.
Eks.
A De kommer til Valle.
B *Snart kommer de til Valle.*

A Hun ser en buss.
B *Der ....*
A Kari spør en student.
B *Så ....*
A Vi kan ikke overnatte.
B *Her ....*
A De ser en elv.
B *Utenfor ....*
A Hun er på ferie.
B *Nå ....*
A Han skal studere i Oslo.
B *Snart ....*
A Jeg vil ha en kopp te.
B *Nå ....*
A Hun sier: «Stopp»!
B *Så ....*
A Jeg vil ikke arbeide.
B *Der ....*
A De får plass.
B *Nede ....*

g Samtale
Fire andre turister spiser også på «Kinsarvik». Hva spiser de, og hva sier de? Lag en samtale mellom dem, og framfør den i klassen.

h Bilen nede til høyre på bildet har ski på taket. (Se s. 18.) Hvem sitter i bilen, og hvor drar de for å gå på ski? Eller kanskje de er på vei hjem etter en skiferie? Skriv en liste over flere alternativer.

i I bobilen er det en tysk familie på fire personer som skal være i Bergen i et par dager. De snakker litt norsk, og de har en norsk utgave av «Bergen guide».
De diskuterer hva de skal gjøre i Bergen, og de er interessert i historie. Skriv en dialog og framfør den. Arbeid i grupper.

j I den røde bilen er det et ungt par.
De har et problem, og de krangler om noe mens de venter på at ferga skal legge til kaien. Hva har skjedd, og hva krangler de om? Lag en dialog.

k Kapteinen på ferga fyller 60 år.
I talen som han holder for vennene og kollegaene sine, forteller han om sine erfaringer på jobben gjennom 35 år.
Hva er det mest dramatiske han har opplevd, og hva er det morsomste? Skriv talen og framfør den.

l Finn hjemmesidene til Hanseatisk museum, Troldhaugen og Akvariet i Bergen. Når er museene åpne? Hvilket museum vil du besøke?

LEKSJON 5

Annie skriver kort til Tor

Kjære Tor!
Tusen takk for sist! Hvordan går det? Nå er vi i Bergen, men det
regner ikke. Jeg skal være her i 14 dager, og jeg bor på Fantoft
Sommerhotell. Det ligger fire km sør for sentrum. Bergen er en fin by,
som ligger mellom sju høye fjell. Her er mange gamle trehus og et
stort torg der de selger blomster, frukt og fisk, også levende fisk.
Kari og jeg skal kjøpe reker der, kanskje to–tre kilo, og et par flasker
hvitvin på Vinmonopolet. Det skal vi ha i kveld. Da kommer det noen
venner til oss. Nå sitter jeg her med et glass kaldt Hansa-øl og ser
på blomster og busker i vakre farger i Byparken. Det er nydelig!

Hjertelig hilsen
Annie

Fisketorget i Bergen

Substantiv

m
en dag
en by
en blomst
en fisk
en vin
en hvitvin
en kveld
en venn
en busk
en farge
en hilsen

m/f
en/ei frukt
en/ei flaske

m/n
en/et kilo

n
et kort
et hotell
et sentrum
et torg
et vinmonopol

Adjektiv
kjær
gammel
levende
hvit
kald
halv
nydelig
hjertelig
vakker

Verb
skrive
bo
ligge
selge
kjøpe

Adverb
sist
da
kanskje

Kvantorer
noen

Uttrykk
Kjære ...
takk for sist
i 14 dager
i kveld
sør for
Hvordan går det?

Adjektiv ubestemt form, entall og flertall

m/f	n	flt.
blå	blått	blå
brun	brunt	brune
engelsk	engelsk	engelske
fin	fint	fine
gammel	gammelt	gamle
god	godt	gode
grønn	grønt	grønne
grå	grått	grå
hjertelig	hjertelig	hjertelige
hvit	hvitt	hvite
høy	høyt	høye
kald	kaldt	kalde
kjær	kjært	kjære
lang	langt	lange
ledig	ledig	ledige
levende	levende	levende
lett	lett	lette
liten/lita	lite	små
lys	lyst	lyse
mørk	mørkt	mørke
norsk	norsk	norske
nydelig	nydelig	nydelige
pen	pent	pene
rød	rødt	røde
sann	sant	sanne
stor	stort	store
sulten	sultent	sultne
svart	svart	svarte
søt	søtt	søte
tung	tungt	tunge
tørst	tørst	tørste
utenlandsk	utenlandsk	utenlandske
vakker	vakkert	vakre
virkelig	virkelig	virkelige

OPPGAVER

a Hulltekst

Annie er ...... Bergen, og .... hun ...... Tor. Hun bor ...... et hotell ...... ligger fire km .... sentrum. Bergen .... sju .... fjell, og det er en ...... , ... by. Kari og Annie skal .... to .... reker på et .... torg der de .... blomster, ... og .... Annie .... et .... øl og ser på .... og .... i Byparken.

Annie er i Bergen, og nå skriver hun til Tor. Hun bor på et hotell som ligger fire km sør for sentrum. Bergen ligger mellom sju høye fjell, og det er en fin, gammel by. Kari og Annie skal kjøpe to kilo reker på et stort torg der de selger blomster, frukt og fisk. Annie drikker et glass øl og ser på blomster og busker i Byparken.

b Velg riktige preposisjoner. Sett ring rundt riktig alternativ

Ole Rud er lærer **for/i** fransk. Han bor **hos/med/på** Liv Pettersen **i/på** Stavanger. Han er **i/fra** Drammen, og han reiser på ferie **i/til** Bergen. Han reiser **med/i** fly **fra/for** Stavanger **ved/til** Bergen. Han skal være **i/ved** Bergen **i/for** 12 dager. Han får plass **for/til** to store personer i bilen **i/ved** en blå stol. Nå er han sulten, og han får et smørbrød **med/til** karbonade og et rundstykke **til/på**. Han er tørst også og får et glass øl **med/til** alkohol.

Per og Kjell reiser **med/i** buss **gjennom/til** Setesdal. Det er en buss **med/for** 18 personer. De er **på/i** ferie **på/ved** Vestlandet. Per har et godt kart **over/på** Norge. De reiser **over/ved** et stort fjell og kommer **til/mot** et lite sted. **I/på** en liten kafeteria får de plass **ved/rundt** et grønt bord. De er sultne og tar to pannekaker **med/på** syltetøy og to kopper kaffe. Det blir 20 kr **på/for** dem. **I/ved** Bergen bor de **i/på** et lite hotell. De ser mange gamle venner som sier «takk **for/med** sist».

c Sett inn adverbene på riktig sted
(Se skjema s. 172)

ikke	Han kan selge frukt i kveld.
gjerne	I morgen vil jeg kjøpe blomster.
sikkert	Hun skriver fordi hun vil komme.
dessverre	Det er for mørkt her.
virkelig	Vil han kjøpe et fotoapparat?
ikke	Jeg håper det.
gjerne	De vil arbeide i morgen.
ikke	I kveld skal han skrive et kort.
sikkert	Det er blå himmel utenfor.
ikke	Vil du kjøpe et teppe?
også	Jeg vil ta bilder her.
sikkert	Han bor hos noen venner.
ikke	Hun bor på et hotell som ligger ved et stort torg.

d Skriv om til flertall
et lite kort
en liten fisk
en hvit seng
ei grå geit
et høyt glass
et fint sted
et blått hus
et langt bord
et rødt tak
en sulten mann
et gammelt hus
en fransk lærer
en norsk by
en kjær venn

e Sett inn tallord og adjektiv foran substantivet

Ole bor på (1) i Bergen. Han har (1)

med (2) , (1) ,

(1) , (3) og (2) med

. Det er (1) med .

Bergen ligger mellom (7) . Utenfor

ser han (1) , (4) , (6) ,

(3) og (1) . Han

kjøper (5) og skriver til noen gode

venner. Så drikker han (1) . Han ser

(1) som kjøper (3 kg) ,

(1) , (8) , (12) og

(1/2 kg) . Han har (1) og tar

(9) . Etter en liten stund går han på

Vinmonopolet og kjøper (3) .

f Oppskrift

Liker du å lage mat? Skriv en enkel mat-oppskrift. Bruk oppskriften fra kokeboka som basis. Kopier din oppskrift til klassen.

Fårikål
2 personer

500 gr lammekjøtt (bog, bryst eller kam)
1/2 hvitkål (500 g) i båter
1 ss hvetemel
1 ts salt
1 ts hel pepper
2-3 dl vann

1 Vask kjøttet og del det i serverings-stykker. Del kålen i båter.
2 Legg kjøtt og kål lagvis i en kjele med de feteste kjøttstykkene i bunnen. Dryss hvetemel, salt og pepper mellom lagene.
3 Hell på vannet. Kok opp.
4 Skru ned varmen og la retten trekke 1-1 ½ time under lokk til kjøttet er mørt.
5 Smak eventuelt til med mer salt og pepper.
Server fårikålen rykende varm med kokte poteter og flatbrød.

g Samtale

Olav og Knut kommer til Kari og Annie onsdag kveld. De spiser reker og drikker hvitvin. Lag en samtale mellom dem.

h Finn en oversikt over fisk og skalldyr i Norge, eller bruk ordbok. Hvilke sorter ser du på bordet? (Se bildet på side 25.) Øv muntlig to og to med enkle spørsmål av typen: «Hva er det?» «Hva er det som ligger til høyre for hummeren?» «Hvor ligger blåskjellene?» etc.

i Øv på samme måte som i oppgaven ovenfor, men beskriv personene på bildet, hva de har på seg, og hvor de står i forhold til hverandre.

j Det er en kvinne midt på bildet som ser etter noe i veska si. Hva leter hun etter, og hva tror du hun ellers har i veska? Arbeid to og to og lag en liste. Hvilken gruppe har den lengste lista?

k Kvinnen kjøper mat til et selskap hun skal ha om kvelden. Lag fire forskjellige for-slag til meny som passer til fire typer av selskap eller sammenkomst (formelt/uformelt, barn/unge/voksne/gamle, venner/kolleger/familie etc.).

l Dette bildet er et postkort fra Bergen. Du skal sende det til en venn i utlandet. Hva skriver du på kortet?

m Kvinnen i rød jakke legger merke til at en lommetyv tar lommeboka til en av kundene. Hun kan ikke gå fra boden, men roper til mannen i lyseblå jakke til høyre på bildet. Hun prøver å forklare ham hvordan lomme-tyven ser ut, og hvor han er. Studer person-ene på bildet. Hvem tror du er lommetyven – og hvorfor? Skriv først utkast til dialog i små grupper. Den gruppa som har det beste utkastet, dramatiserer situasjonen og fram-fører den for resten av klassen.

n Finn hjemmesiden til <u>Festspillene i Bergen</u>. Planlegg tre dager som gjest på Festspillene.

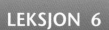

På postkontoret

Annie spør en gammel dame:

Annie: Unnskyld, kan De si meg hvor postkontoret ligger?
Damen: Ja, visst. Det ligger her i denne gaten, et stort,
grønt hus rett der borte.
Annie: Å ja! Tusen takk skal De ha.
Damen: Ingen årsak.

Idet Annie går inn på postkontoret, ser hun mannen med
skjegget fra ferga. Han stopper like utenfor, tar fram et
lite fotoapparat og tar et par bilder av Annie og av post-
kontoret. Så kjører han bort i en gul folkevogn. Inne på
postkontoret spør hun:

Annie: Jeg vil gjerne sende en pakke til Frankrike. Er det denne
luka her?
Postfunksjonær: Nei, det er det ikke. Du må gå til den luka der borte,
luke nr. åtte.

Kø på
postkontoret

(Personene på bildet har ingen tilknytning til historien.)

Annie går til luka.

Postfunksjonær: Vær så god?

Annie: Jeg vil gjerne sende denne pakken til Frankrike.

Postfunksjonær: Som verdenspakke eller brevpost – A- eller B-post?

Annie: Jeg vet ikke. Hva koster det?

Postfunksjonær: Pakken veier 680 g. Det blir 150 kroner som verdenspakke, 75 kroner som A-post og 55 kroner som B-post.

Annie: A-post er greit.

Postfunksjonær: Du må fylle ut denne tollseddelen også.

Annie setter tollseddelen på pakken.

Annie: Kan jeg få noen frimerker også? Dette brevet skal til England, og kortet skal til Danmark. Brevet er visst litt for tungt. Hva koster det?

Postfunksjonær: Brevet veier 70 g. Det koster 16 kr for brevet og 5,50 for kortet. Det blir 96 kroner og 50 øre til sammen, takk.

Annie: Vær så god, her er 100 kroner.

Postfunksjonær: Takk, og 3,50 tilbake.

Annie: Mange takk.

ORDLISTE

Substantiv
m
en årsak
en øre
en tollseddel
en verdenspakke
en brevpost

m/f
en/ei dame
en/ei gate
en/ei folkevogn
en/ei pakke
en/ei luke

n
et postkontor
et frimerke
et brev

Adjektiv
gul
grei

Verb
sende
koste
veie
bli
fylle (ut)
sette
vite

Adverb
visst
like
inne
til sammen
tilbake
fram

Demonstrativ
den (der)
denne (her)
det (der)
dette (her)

Kvantorer
ingen

Subjunksjoner
idet

Pronomen
De

Uttrykk
kjøre bort
der borte
mange takk
ja visst
ta fram
ingen årsak
å ja
det er greit
ta bilder av

GRAMMATIKK

1 Tallord

20 tjue
30 tretti
40 førti
50 femti
60 seksti
70 sytti
80 åtti
90 nitti
100   (ett) hundre
101   (ett) hundre og en
169   (ett) hundre og sekstini
200   to hundre
1000 (ett) tusen
1001 (ett) tusen og en
1433 (ett) tusen fire hundre og trettitre
2001 to tusen og en
en million
en milliard

2 Substantiv bestemt form, entall

	ubestemt	bestemt
m	en dag	dagen
	en by	byen
	en ferie	ferien
m/f	en/ei luke	luken/luka
	en/ei flaske	flasken/flaska
	en/ei geit	geita/geiten
n	et brev	brevet
	et hus	huset
	et bilde	bildet

3 Setningsstruktur – plassering av leddsetning (Se s. 172)

Idet Annie går inn, ser hun mannen.

Kan De si meg hvor postkontoret ligger?

4 Demonstrativ, entall

m/f
denne luka/luken (her)

m/f
den luka/luken (der)

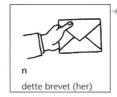
n
dette brevet (her)

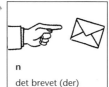
n
det brevet (der)

OPPGAVER

a Hulltekst

Annie ...... i ...., og hun .... en

dame ...... gata hvor postkontoret ....

Det er et .... , ... hus ...... ligger

like .... Idet Annie går ...... på post-

kontoret, ... hun .... med .... fra

.... Han kjører ...... i en gul ....

Annie skal .... en pakke til Frankrike

...... A-post. Det .... 75 kroner. Hun

fyller ...... en tollseddel som hun ....

...... pakken. Hun kjøper noen ....

også .... hun skal sende et .... og

et .... Brevet skal ...... England og

.... til Danmark. Det 96

kroner og ...... øre ....

Annie er i Bergen, og hun spør en

dame på gata hvor postkontoret ligger.

Det er et stort, grønt hus som ligger

like ved. Idet Annie går inn på post-

kontoret, ser hun mannen med skjegget fra

ferga. Han kjører bort i en gul folkevogn.

Annie skal sende en pakke til Frankrike

som A-post. Det koster 75 kroner. Hun

fyller ut en tollseddel som hun setter

på pakken. Hun kjøper noen frimerker

også fordi hun skal sende et brev og

et kort. Brevet skal til England og

kortet til Danmark. Det blir 96

kroner og 50 øre til sammen.

---

b Riktig/galt.
Sett strek under det som er riktig

Annie spør en dame hvor postkontoret er.
Postkontoret er lite. Hun ser en mann i en
gul bil. Mannen tar et par bilder av damen
og postkontoret. På postkontoret må hun
gå til luke nr. ni. Hun sender en pakke til
Danmark. Annie kjøper frimerker. Det
koster 120 kroner å sende brevet og kortet.

c Sett ring rundt riktig form av stedsadverbet

Vi går **ned/nede**. Hun sender pakken
der/dit. De overnatter **borte/bort**.
Fotoapparatet ligger **dit/der**. Bussen
stopper **der/dit**. Bilen kjører **der/dit**.
Flyet går **ned/nede**. Geita går **inne/inn**.
De har et kart **inn/inne**. Dere reiser
bort/borte. Mannen går **der/dit**. Brevet
ligger **inn/inne**. Han setter frimerket
nede/ned. Han sender det **bort/borte**.

d Hva koster dette?

Læreren din leser opp aktuelle priser, men ikke i den rekkefølgen illustrasjonene kommer. F. eks.: *«En øl koster 40 kr.»* Skriv inn rett pris på rett plass. Still så spørsmål til hverandre.

Eks.   *«Hva koster en kopp te?»*
           «En kopp te koster 16 kr.»

e Muntlig trening

Bruk postnummerkatalogen og lag spørsmål og svar.

Eks.   *Hvilket postnummer har Kinn?*
           Hvilket sted har postnummer 5780?

9960	Kiberg	6292	Kjerstad
6912	Kinn	4657	Kjevik
5780	Kinsarvik	9790	Kjøllefjord
9900	Kirkenes	6776	Kjølsdalen
2260	Kirkenær	3143	Kjøpmann-
8543	Kjeldebotn		skjær
2027	Kjeller	8590	Kjøpsvik
5314	Kjerrgarden	6699	Kjørsvikbugen
8093	Kjerringøy	9424	Kjøtta

f Tenk deg at personen i lærjakke bak mannen i genser og olabukse er raner og har en pistol i lomma. (Se illustrasjonsfoto s. 30.) Hva sier raneren til postfunksjonæren, og hvordan reagerer han/hun? Han i genser prøver å stoppe raneren, og den eldre mannen i hatt og frakk får hjerteproblemer. Hvordan ender episoden? Arbeid to og to og lag ulike forslag til avslutning av situasjonen. Dramatiser det morsomste forslaget.

g Du er journalist og skal skrive en kort notis i den lokale dagsavisen om hendelsen. Skriv notisen.

h Hva heter medlemmene av kongefamilien i Norge?
Hva heter de politiske partiene?
Hvem er statsminister?
Bruk gjerne hjemmesiden ODIN.

På toget til Voss

Det er tidlig om morgenen, og Annie skal ta toget fra Bergen til Voss.
Hun har plass i vogn nr. 263, plass nr. 57 ved vinduet. Hun har to tunge
kofferter og en veske til fotoapparatet, som hun setter i hylla ved døra.
Hun går inn i vogna, men så stopper hun. Plassen til Annie er ikke ledig.
Det sitter en ung mann på plass nr. 58, og han har en stor ryggsekk og
mange bøker på Annies plass. Han ser opp på henne:

Gutten: Er disse plassene opptatt?
Annie: Nei, ikke begge.
Gutten: Hvilken plass har du, da?
Annie: Jeg har den plassen der borte ved vinduet, plass nr. 57.
Hvilket nummer har du?
Gutten: Jeg har ikke noen plass. Vent litt, så skal jeg legge ryggsekken og bøkene
på de plassene der borte.

Han tar ryggsekken og bøkene bort fra plassen til Annie.

Gutten: Sånn, vær så god, nå kan du sette deg. Kan jeg bli sittende på denne
plassen, tror du?
Annie: Ja, det er sikkert i orden.
Gutten: Men du kan ikke være norsk. Er du spansk? – eller kanskje italiensk?
Du er ikke tysk i alle fall.
Annie: Jeg er fransk.

Annie tar fram en bok og prøver å lese.

Gutten: Leser du norske bøker også? Hvilken bok er det?
Annie: Det er en kriminalroman av Gunnar Staalesen.

Annie viser ham boka.

Annie: Hva slags bøker liker du?
Gutten: Alle slags bøker! Jeg skal bli bibliotekar, og nå går jeg på Høgskolen i
Oslo. Jeg *elsker* kriminalromaner! Hvilke norske forfattere liker du?
Annie: Jeg liker Ibsens skuespill og Johan Borgens noveller.

Gutten: Liker du ikke dikt?

Annie: Jo, jeg liker diktene til Georg Johannesen og Jan Erik Vold. Men la meg få lese denne boka, den er så spennende.

Annie prøver å lese igjen, men etter en liten stund spør gutten:

Gutten: Hvilken dag er det i dag?

Annie: Det er Kristi himmelfartsdag.

Gutten: Ja, men hvilken ukedag er det?

Annie: Det er torsdag. Kristi himmelfartsdag er alltid på en torsdag.

Gutten: Ja, selvfølgelig! Og da er det lørdag i overmorgen, ikke sant?

Annie: Sånn som du spør!

Gutten: Gjør det noe, da?

Annie: Nå spør du igjen!

Når kommer toget?

Substantiv

m
en morgen
en koffert
en ryggsekk
en gutt
en kriminalroman
en bibliotekar
en høgskole
en forfatter
en dag
en ukedag

m/f
en/ei vogn
en/ei veske
en/ei hylle
en/ei dør
en/ei bok
en/ei novelle
en/ei uke

n
et tog
et skuespill
et dikt

m/n
en/et slags

Adjektiv
ung
opptatt
spansk
italiensk
tysk
spennende

Verb
sitte
vente
legge
tro
prøve
lese
vise

like
elske
bli

Adverb
tidlig
opp
kanskje
igjen
alltid
selvfølgelig

Konjunksjoner
eller
men

Pronomen
seg

Demonstrativ
disse (her)
de (der)
sånn

Spørreord
hvilken
hvilket
hvilke

Kvantorer
begge
noe

Ukedagene
søndag
mandag
tirsdag
onsdag
torsdag
fredag
lørdag

Uttrykk
hva slags
alle slags
om morgenen
ta bort (fra)
sette seg

bli sittende
i alle fall
la meg få lese
i dag
i overmorgen

1 Demonstrativ, flertall

disse plassene *(her)*
de plassene *(der)*

2 Genitiv

til (bestemt form): plass*en til* gutten
-s (ubestemt form): gutten*s* plass

3 Tidsuttrykk (Se liste s. 123)

i dag	om dagen
i morgen	om morgenen
i overmorgen	
i kveld	om kvelden
på onsdag	om onsdagen

4 Spørreord

m f	*Hvilken* dag er det?
n	*Hvilket* tog tar du?
flt.	*Hvilke* bøker leser du?

5 Substantiv, alle former

	entall		flertall	
m	en gutt	gutten	gutter	guttene
f	ei geit	geita	geiter	geitene
n	et dikt	diktet	dikt	diktene

6 Parverb (transitive – intransitive verb)

bevegelse – stillstand
legge – ligge
sette – sitte

7 Direkte og indirekte objekt

Med preposisjon:

Annie viser boka *til ham.* [DO over boka]

Han viser plassen *til henne.* [DO over plassen]

Uten preposisjon:

Annie viser *ham* boka. [IO over ham, DO over boka]

Han viser *henne* plassen. [IO over henne, DO over plassen]

8 Infinitiv med og uten infinitivsmerket *å*

Hun prøver *å lese.*
Hun skal/kan/vil/må *lese.*

9 Det refleksive pronomen *seg*

entall		flertall
Jeg setter meg.		Vi setter oss.
Du setter deg.		Dere setter dere.
Han		
Hun	setter *seg.*	De setter *seg.*
Den		
Det		

OPPGAVER

a Hulltekst

Kristi himmelfartsdag ...... Annie .... til
Voss. Hun går .... vogna, men
plassen ...... Annie ....
En ...... mann .... på plass nr. 58, og
han ...... en .... ryggsekk og ....
.... på Annies plass. Han tar ....
og .... bort ...... plassen, og Annie
.... Annie .... å lese en ...... ,
men gutten .... hvilken bok
hun .... Så viser .... boka. Det
er en .... Gutten ...... på
Høgskolen ...... Oslo. Han skal ......
bibliotekar, og han ....
kriminalromaner.

   Annies bok er .... , og hun ......
.... lese den på toget. Hun prøver å
.... igjen, men .... en liten
.... spør gutten henne .... dag
det er. Det er .... fordi Kristi himmel-
fartsdag .... på en ....

Kristi himmelfartsdag tar Annie toget til
Voss. Hun går inn i vogna, men
plassen til Annie er opptatt.
En ung mann sitter på plass nr. 58, og
han har en stor ryggsekk og mange
bøker på Annies plass. Han tar bøkene
og ryggsekken bort fra plassen, og Annie
setter seg. Annie prøver å lese en bok,
men gutten spør henne hvilken bok
hun leser. Så viser hun ham boka. Det
er en kriminalroman. Gutten går på
Høgskolen i Oslo. Han skal bli
bibliotekar, og han elsker
kriminalromaner.

   Annies bok er spennende, og hun vil
gjerne lese den på toget. Hun prøver å
lese igjen, men etter en liten
stund spør gutten henne hvilken dag
det er. Det er torsdag fordi Kristi himmel-
fartsdag alltid er på en torsdag.

b Demonstrativ. Skriv om til entall

Jeg har disse plassene her. Hun leser de bøkene der. De kjøper de rekene der. Kari fotograferer disse geitene her.

c Demonstrativ. Skriv om til flertall

Hun kjører gjennom denne tunnelen her. Du ser det taket der. Kari spiser dette rundstykket her. Hun vil ikke ha den osten der.

d Sett inn *hvilken/hvilket/hvilke*

.... bøker leser du? ....tog tar

Annie? .... dag er det i dag?

.... dyne vil du ha? .... rom har

Kari? .... kort kjøper hun?

Svar så på spørsmålene. Bruk demonstrativer i svarene. **Eks.** *Hvilke bøker leser du? Jeg leser disse bøkene.*

e Skriv om uten preposisjon. Bruk pronomen

Eks. Damen selger blomstene *til gutten*. Damen selger *ham* blomstene.

Hun viser bildet *til Tor*.
Annie sender pakken *til Kari*.
De selger huset *til Tor*.
Mannen selger frukten *til Kari*.
Studenten sender bøkene *til vennen*.
Vi sender et kort *til læreren*.
Vi viser prislista *til fotografen*.

f Fyll ut med riktig form av substantivet

....	....	....	flyene
et hus	....	....	....
....	....	geiter	....
en dag	....	....	....
....	....	bøker	....
....	glasset	....	....
et sted	....	....	....
....	....	....	koppene

et rom	....	....	....
....	....	....	fjellene
....	taket	....	....
....	....	vafler	....
et tre	....	....	....
....	bordet	....	....

g Sett inn passende pronomen

Jeg setter ...... på plassen. Han setter ......

på stolen. Du legger ...... i sengen.

De setter ...... ved bordet. Hun kjøper ......

en blå veske. Dere setter ...... i bilen.

Vi legger ...... om kvelden.

h Sett inn *legge/ligge/sette/sitte*

Han .... boka i hylla. Boka .... på

bordet. Gutten .... seg på plassen. Tor

.... i senga. De .... i bussen.

Annie .... tollseddelen på pakken.

Hun .... blomstene på

bordet.

i Infinitiv med eller uten *å*?

Hun vil prøve ...... lese en roman. Han liker

...... lese dikt. Vi må ...... ta buss nr. 39.

Dere kan ...... komme i morgen. Jeg prøver

...... skrive en bok. Jeg vil gjerne ...... reise

med fly. Skal vi ...... gå ut? Jeg elsker ......

reise med tog.

j På biblioteket

Den unge studenten er på biblioteket for å låne bøker som han skal lese i ferien. Han har en spesiell interesse som han vil lese mer om. Skriv en samtale mellom ham og bibliotekaren.

k Se på bildet på side 36. Arbeid sammen i større grupper og lag en liste over forslag til hvem personen er, hvor han kommer fra, og hvor han skal reise. Hva tenker han på mens han står der og venter på toget? Velg det beste forslaget som utgangspunkt for en fellesstil i form av en indre monolog.

l Skriv et dikt eller en lyrisk tekst med utgangspunkt i bildet. Lag en ny overskrift som passer til teksten, og den skal si noe om tidspunktet for situasjonen.

m Mannen har mobiltelefon. Mens han venter på toget, ringer det to personer til ham, og han ringer selv til en tredje person. Hvem snakker han med, og hva snakker de om? Arbeid sammen i grupper og lag notater til samtalene. Velg én av samtalene, og spill den for de andre. Husk at dere må sitte med ryggen mot hverandre slik at dere ikke kan se hverandre når dere skal illudere telefonsamtale!

n Mannen har funksjonen «telefonkatalog» på mobiltelefonen sin. Hvilke tre personer snakker han oftest med, og hvorfor? Lag først forslag individuelt, og diskuter så i grupper de ulike mulighetene.

o Velg en av forfatterne som er nevnt i leksjonsteksten. Lag en liste over bøkene han har skrevet. Er noen av disse oversatt til andre språk? Hva liker du å lese? Spør hverandre i små grupper.

LEKSJON 8

På aluminiumsverket

Annie tar ferga fra Gudvangen klokka kvart over ni fredag morgen. Hun skal til Årdal for å lage en reportasje om aluminiumsverket. Det er en fergetur på nesten fire timer, langt inn i Sognefjorden. Klokka fem over ett er hun på Årdalstangen, og etter en halv time er hun inne på aluminiumsverket. En av verkets ledere viser henne rundt.

Annie: Kan jeg få lov til å ta noen bilder her inne? Smelteovnene er fantastiske!

Lederen: Ja, vær så god. Men er det ikke for mørkt?

Annie: Nei, det gjør ikke noe. Jeg har et veldig godt apparat og noen ekstra hurtige filmer. Se her!

Annie åpner fotoveska.

Elektrolysehallen, Hydro aluminiumsverk i Årdal

Annie: Men de er ikke her! Det er ingen filmer i veska. Jeg hadde minst fire filmer i den i går. Ingen vil vel ta tre nye filmer og en film med bilder av noen geiter på Haukelifjell når det ligger et dyrt fotoapparat ved siden av?

Lederen: Nei, det er merkelig.

Annie: Jeg forstår ingenting. Filmene var der på toget til Voss. Jeg hadde dem da, det er helt sikkert.

Lederen: Hadde du dem ikke på ferga til Årdalstangen?

Annie: Det vet jeg ikke. Heldigvis har jeg en ekstra film i lomma.

Hun setter filmen i apparatet og tar bilder av arbeiderne ved smelteovnene og av glødende aluminium. Etter tre kvarter er hun ferdig, og hun takker lederen for omvisningen.

Annie: Tusen takk, det var virkelig interessant.

Lederen: Det var hyggelig å høre. Jeg håper bildene blir gode.

Annie: Jeg skal sende deg noen når de blir ferdige.

Lederen: Ja takk, gjerne det.

Så reiser Annie tilbake til pensjonatet der hun skal overnatte. Klokka halv fem spiser hun middag. Hun er sulten, og maten er god: fersk laks med rømme og agurksalat. Men hun tenker bare på filmene: Hvor er de nå? Vil noen virkelig ha bildene med geitene? Hvem vil ta filmene og ikke apparatet? Var det noen på toget til Voss? Kanskje det var gutten med bøkene?

Substantiv

m
en reportasje
en fergetur
en time
en leder
en smelteovn
en film
en arbeider
en omvisning
en middag
(en) mat
en laks
en rømme
en salat

m/f
en/ei klokke
en/ei lomme

n
et aluminiumsverk
et kvarter

m/n
en/et aluminium

Adjektiv
fantastisk
ny
dyr
merkelig
ferdig
interessant
hyggelig
fersk
hurtig
lang
veldig
ekstra
minst

Verb
lage
åpne
forstå
gløde
takke
høre
tenke

Adverb
nesten
helt
vel
heldigvis

Spørreord
hvem
når

Uttrykk
vise rundt
få lov til noe
for mørkt
i går
ved siden av
spise middag

1 Klokka
12.00 – tolv
12.05 – fem over
         tolv
12.15 – kvart over
         tolv
12.20 – ti på
         halv ett
12.30 – halv ett
12.40 – ti over
         halv ett
12.45 – kvart på ett
12.50 – ti på ett
13.00 – ett

Hva er klokka?
Hvor mye er klokka?

Klokka er ......

Den er ......

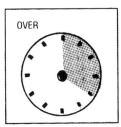

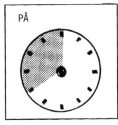

2 Preteritum av *være* og *ha*

være – er – *var*
ha – har – *hadde*

---

3 Adjektiv uten *t* i nøytrum

-ig, -lig, -sk: *a finished house*
et ferdig hus   *a pleasant letter*
et hyggelig brev
et fransk kart

NB et fersk*t* brød

---

4 Kvantorer – noen/ingen

m/f	n	flertall
noen	noe	noen
ingen	(intet)	ingen
	ingenting	
ikke noen	ikke noe	ikke noen

Ingenting kan ikke brukes adjektivisk.

Ikke noen, ikke noe erstatter ofte *ingen, intet* i daglig tale.

Noe ved kollektiver:
«Vil du ha noe mat?»

5 Leddstilling A: helsetninger
– lette ledd rykker fram ved enkelt verbal

Hadde du ikke filmene på ferga?

Hadde du *dem* ikke på ferga?

Han viser ikke filmene til Annie.
Han viser *henne dem* ikke.
         IO   DO

Lette ledd rykker ikke fram ved sammensatt verbal.

Han vil ikke vise filmene til Annie.
Han vil ikke vise *henne dem*.
              IO   DO

Indirekte objekt som pronomen kommer foran direkte objekt.

(Se skjema s. 172)

a Hulltekst

Annie reiser .... fra Gudvangen

kl. ⏰ . Ferga .... Revsnes

kl. ⏰ og til Kaupanger kl. ⏰ . Turen

tar .... fire .... , og hun i

Årdalstangen kl. ⏰ . Kl. ⏰ går hun

.... aluminiumsverket og ....

til kl. ⏰ . Hun .... filmene i

fotoveska, men hun ....

På toget til Voss hadde hun .... fire

filmer, men ...... er det .... i ....

Annie .... Hun har heldigvis

en .... film i .... og .... den

i fotoapparatet. Kl. ⏰ er hun ....

med .... Hun ....

lederen og sier at han .... noen

bilder ...... de blir ferdige, og det ....

gjerne. Så reiser hun ....

pensjonatet og spiser .... kl. ⏰ .

Annie reiser med ferge fra Gudvangen

kl. 9.05. Ferga kommer til Revsnes

kl. 11 og til Kaupanger kl. 11.20. Turen

tar nesten fire timer, og hun er i

Årdalstangen kl. 13.05. Kl. 13.35 går hun

inn på aluminiumsverket og blir der

til kl. 14.20. Hun ser etter filmene i

fotoveska, men hun har dem ikke.

På toget til Voss hadde hun minst fire

filmer, men nå er det ingen i veska.

Annie forstår ikke noe. Hun har heldigvis

en ekstra film i lomma og setter den

i fotoapparatet. Kl. 14.20 er hun ferdig

med omvisningen. Hun takker

lederen og sier at han skal få noen

bilder når de blir ferdige, og det vil han

gjerne. Så reiser hun tilbake til

pensjonatet og spiser middag kl 16.30.

b Lag spørsmål og svar

Eks. Når går ferga fra Kaupanger til Gudvangen om morgenen? Når går siste ferga fra Gudvangen om kvelden?

14-145 Lærdal-Flåm-Gudvangen

Fylkesbaatane i Sogn og Fjordane AS ☎ 57 75 70 00, fax: 57 75 70 01
M/S «Skagastøl» ☎ 945 70 296. M/S «Fjordtroll» ☎ 945 70 290. M/S «Fjordlord» (vinter/ winter) ☎ 945 51 544.

Km	Kr	1/5 99-30/4 00	* D	** D	*** D	**** D	D		Km	Kr		**** D	D	D	D	D
0		Lærdal	...	0900	...	...	...		0		Gudvangen	1130	1235	1545c	1545e	1650g
48		Kaupanger		0930	...	...	...				Styvi	xb	xb	xd	xf	xh
58		Frønningan		0950	...	...	...				Dyrdal	xb	xb	xd	xf	xh
140		Flåm kai	...	1100	...	...	...		120		Aurland	1300	1330	1635c	1635e	1810g
140		Flåm kai	0900	1115	1115	1400	1445		130		Flåm kai	1340	1345	1650c	1650e	1840g
130		Aurland	0920	1130	1130	1415	1505		130		Flåm kai			1700c	...	...
		Dyrdal	xb	xb	xb	xb	xb		130		Frønningan			1745c	...	...
		Styvi	xb	xb	xb	xb	xb		170		Kaupanger			1810c	...	...
196		Gudvangen	1105	1225	1225	1515	1645		190		Lærdal			1840c	...	...

* Berre 9/5-19/9 99. ** Berre 30/5-30/8 99. *** Berre 30/5-19/9 99. **** Berre 30/5-20/9 99. b. Mot førehandstinging i Dyrdal eller Styvi. Væratterhald. c. Berre 30/5-31/8 99.
d. Mot førehandstinging i Dyrdal eller Styvi. Væratterhald. Berre 30/5-31/8 99. e. Berre 1/9-20/9 99. f. Mot førehandstinging i Dyrdal eller Styvi. Væratterhald. Berre 1/9-20/9 99.
g. Berre 9/5-20/9 99. h. Mot førehandstinging i Dyrdal eller Styvi. Væratterhald. Berre 9/5-20/9 99.

Korrespondansemuligheter:
Gudvangen .... 🚌 23-491 Flåm, Voss, Bergen
Flåm .... 🚌 14-143 Lærdal, 🚂 21-042 Myrdal

c Sett inn spørreord

.... ferge tar Annie?

.... hus kjøper han?

.... bøker liker du?

.... gjør hun i Sogn?

.... sitter på plassen?

.... bil har Tor?

.... by bor du i?

.... ligger på hyllen?

.... brev sender du?

.... tar Annie ferga?

.... viser henne rundt på
                    aluminiumsverket?

.... ligger fotoapparatet?

.... vil ha bildene med geitene?

.... skal Annie overnatte?

.... var på toget til Voss?

.... hadde Annie filmene?

d Sett inn kvantorene *noen/ingen*

Jeg har .... film. Ser du .... bøker?

Jeg har .... ryggsekk. Det kommer

.... tog. Jeg ser .... Hun kjøper

.... mat. Han får ikke lov til å sende

.... brev. De hadde .... bil.

Det stopper .... busser her. Det bor

.... studenter her.

e Svar på spørsmålene

Les de siste setningene i leksjonen en gang til. Hva tror dere er svaret på spørsmålene til Annie? Skriv ned noen forslag og diskuter.

f Industri og næringsliv

Les om norsk industri og næringsliv i *Fakta om Norge* e.l. I hvilke områder av Norge ligger de største industrianleggene?

g Aluminiumsprodukter

Bruk ordbok og arbeid to og to med å lage en liste av ting som er laget av eller inneholder aluminium. Hvilken gruppe har den lengste lista?

h Bildet på s. 41 er hentet fra en norsk lærebok i samfunnsfag for ungdomsskolen, og det skal illustrere
a) framveksten av vannkraftbasert industri i Vest-Norge,
b) miljøspørsmål knyttet til denne industrien,
c) sikkerhetstiltak på arbeidsplassen og arbeidsmiljøet generelt.
Arbeid to og to og skriv en bildetekst på to-tre linjer som passer til ett av de tre alternativene a, b eller c.

i Bildet (s. 41) er hentet fra plakaten til en stor fotoutstilling eller informasjons-kampanje. Hva er tittelen og temaet for utstillingen eller kampanjen?
Skriv et utkast til tittel og tekst til plakaten. Tre av bildene på utstillingen blir nevnt spesielt i utstillingskatalogen. Lag tittel og en kort beskrivelse av motivet til disse tre bildene. Arbeid sammen i små grupper.

j Læreren på bildet på side 6 underviser i norsk ved en barne- og ungdomsskole på et lite industristed på Vestlandet. Eleven på bildet har skrevet en stil om hjemstedet sitt som læreren har rettet, og det er mange feil i stilen. Læreren vil hjelpe og opp-muntre eleven. Hva sier han til henne?

k Eleven må skrive stilen om igjen, og denne gangen skal den være uten feil. Skriv stilen, og husk at du bare er 13 år gammel.

l Jenta og gutten som sitter bak henne, er gode venner. Gutten synes jenta er pen, men han tør ikke si det til henne.
Hva tenker han akkurat nå? Skriv en kort indre monolog.

m Du er deltaker på et kurs i fremmed-språkspedagogikk, og hver deltaker skal foreslå fem tips til effektiv og god språk-læring. Hvilke fem tips vil du presentere? Skriv dem ned og diskuter dem i større grupper eller i samlet klasse. Hvilke tips er de beste? Skriv en liste over de beste tipsene på tavla og diskuter rekkefølgen.

n En togreise i Norge
Finn hjemmesiden til NSB eller oppsøk et reisebyrå. Lag en reiserute for deg selv. Begynn gjerne slik: *Reiserute for .....:*
«*Nå er jeg i Bergen. Det er søndag den ....,
og i morgen klokka ... skal jeg reise til .... »*

LOM, LØRDAG 26. MAI

Troll i Jotunheimen?

Neste dag reiser Annie med buss over Sognefjell. Det blåser, men lufta er helt klar, så hun har en fin utsikt til de høye fjellene i Jotunheimen. Sola skinner i den hvite snøen på fjelltoppene.

Annie: Fjellene likner store troll med hvite luer på hodet!
Pål: Ja, det heter ikke Jotunheimen for ingenting.

Annie snakker med Pål Seter, som sitter ved siden av henne i bussen. Han er arkitektstudent ved NTNU*.

*Norges teknisk-naturvitenskapelige universitet i Trondheim.

«Gammel og grå»
Trollet ved
Hunderfossen
familiepark, Oppland

20 - tjue

Annie: Når kommer vi til Otta?

Pål: Om en og en halv time, men vi kommer først til Lom, og der skal vi stanse i 20 minutter. Vi har akkurat tid til å se den vakre stavkirken. Den likner litt på en romansk steinkirke, men hele kirken er av tre. Taket er veldig interessant. Alle delene er satt sammen som på de gamle vikingskipene. Hele kirken er nesten som en båt opp-ned. Alt henger sammen uten bruk av jern.

Annie: Er den også fra vikingtida?

Pål: Nei, nesten alle stavkirkene vi har i dag, er fra tida mellom 1150 og 1200. *elleve femti og tolv hundre*

Lom stavkirke

I Lom stopper bussen, og Annie og Pål går inn i stavkirken. Pål peker og forklarer, og tida går. Etter en god stund kommer de ut, men de ser ingen buss.

Pål: I alle dager, bussen er ikke her! *tjue fem*

Annie: Klokka er kvart på ett. Vi har vært i kirken i tre kvarter, og bussen kjørte for 25 minutter siden! Hva skal vi gjøre? All bagasjen er i bussen!

Pål: Vi må ta neste buss. Bagasjen får vi sikkert når vi kommer fram. Det går buss til Otta hver time, og neste buss går om 35 minutter. Vi har akkurat tid til en kopp kaffe på det lille konditoriet der borte. Du liker kaker, gjør du ikke? *tretti fem*

De går inn på konditoriet og setter seg ved et lite bord. Pål kjøper to kaffe og to store stykker bløtkake. Han drikker all kaffen, for Annie synes den norske kaffen er for tynn, men hun spiser hele kakestykket.

Plutselig peker hun ut:

Annie: Se, der kjører den mystiske mannen i den gule folkevogna som jeg så utenfor postkontoret i Bergen! Han var i kafeteriaen på ferga også.

Pål: Den mystiske mannen i den gule folkevogna? Du ser visst troll alle steder, du.

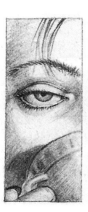

ORDLISTE

Substantiv
m
en utsikt
(en) snø
en fjelltopp
en arkitekt
en arkitektstudent
en gang
en del
en bruk
en bagasje

m/f
(en/ei) luft
en/ei sol
en/ei lue
en/ei tid
en/ei stavkirke
en/ei steinkirke
en/ei kake
en/ei bløtkake

n
et troll
et hode
et minutt
et vikingskip
et jern
et konditori
et stykke

Adjektiv
klar
vakker
romansk
tynn
mystisk
neste
hele

Verb
blåse
skinne
likne/ligne
snakke
stanse
henge
peke
forklare
synes

Adverb
først
akkurat
litt
plutselig
opp ned

Konjunksjoner
for

Kvantorer
all/alt/alle
hver

Uttrykk
neste dag
om en time
i tre kvarter
for 25 minutter
    siden
i alle dager

GRAMMATIKK

1 Adjektiv, ubestemt og bestemt form

Ubestemt form

entall		flertall (m/f/n)
m	en stor bil	(noen) store biler
f	ei stor geit	(noen) store geiter
n	et stort hus	(noen) store hus

Bestemt form

entall		flertall (m/f/n)
m	den store bilen	de store bilene
f	den store geita	de store geitene
n	det store huset	de store husene

Merk deg *liten:*

Ubestemt form

entall		flertall (m/f/n)
m	en liten bil	(noen) små biler
f	ei lita geit	(noen) små geiter
n	et lite hus	(noen) små hus

Bestemt form

entall		flertall (m/f/n)
m	den lille bilen	de små bilene
f	den lille geita	de små geitene
n	det lille huset	de små husene

2 Verb i preteritum

blåse	blåser	*blåste*
drikke	drikker	*drakk*
forklare	forklarer	*forklarte*
gå	går	*gikk*
ha	har	*hadde*
kjøpe	kjøper	*kjøpte*
kjøre	kjører	*kjørte*
komme	kommer	*kom*
peke	peker	*pekte*
reise	reiser	*reiste*
se	ser	*så*
si	sier	*sa*
snakke	snakker	*snakket*
spise	spiser	*spiste*
stanse	stanser	*stanset*
være	er	*var*

Preteritum brukes om en handling i fortida, og om en gjentatt eller varig handling innenfor et angitt tidsrom i fortida.

3 Bøyning av kvantoren *all* og adjektivet *hel*

entall		flertall
m/f	n	(m/f/n)
all	alt	alle
hel	helt	hele

Substantivisk bruk	**Kommentar**
Han spiser alt.	*refererer til*
Hun har alt.	*et substantiv*
Alle kan lese.	
Alle kommer i morgen.	

Adjektivisk bruk (står sammen med et substantiv) tellelig	
Alle filmene er i veska.	
Alle vognene er røde.	*kvantifiserende*
Alle fiskene er levende.	
De spiste hele brødet.	
Vi arbeider hele uka.	*beskriver en*
Han ventet hele tida.	*helhet*
Hun reiste over hele verden.	

Brukt som et vanlig adjektiv	
En hel kake stod på bordet.	*beskriver en helhet/understreker at noe ikke er delt eller ødelagt*
Hun ville spise av den hele kaka.	
Hele glass skulle vi hatt.	
De hele glassene var det ikke mange av.	

Adjektivisk bruk – utellelig	
Han drikker all kaffen.	*brukt om*
Hun spiser alt syltetøyet.	*mengde*
Han spiser all fisken.	*ved kollektiver og stoffnavn*

Merk forskjellen mellom

alt som er disponibelt	*flertall*	*en* helhet
all fisken	alle fiskene	hele fisken
alt brødet	alle brødene	hele brødet

a Hulltekst

Fredag morgen .... Annie med buss over Sognefjell. Det ...., men lufta ...... klar, og hun ...... ut på de .... Hun .... med Pål Seter som ...... ved siden av henne. I Lom .... bussen i 20 minutter, og de ...... for å se .... stavkirken. Pål .... og .... og tida .... Etter en god stund ...... de ut, men da ...... ikke bussen der. All bagasjen ...... i bussen. Så ...... de inn på .... konditoriet og .... kaffe og kaker. Pål .... all kaffen, og Annie .... et stykke bløt-kake. Plutselig .... den .... mannen i den .... folkevogna, og da ...... Pål at hun ...... troll ...... steder.

Fredag morgen reiste Anne med buss over Sognefjell. Det blåste, men lufta var klar, og hun så ut på de høye fjellene. Hun snakket med Pål Seter som satt ved siden av henne. I Lom stanset bussen i 20 minutter, og de gikk for å se den vakre stavkirken. Pål pekte og forklarte og tida gikk. Etter en god stund kom de ut, men da var ikke bussen der. All bagasjen var i bussen. Så gikk de inn på det lille konditoriet og kjøpte kaffe og kaker. Pål drakk all kaffen, og Annie spiste et stykke bløt-kake. Plutselig så hun den mystiske mannen i den gule folkevogna, og da sa Pål at hun så troll alle steder.

b Riktig/galt. Sett strek under det som er riktig

Det blåser i Jotunheimen. Annie reiser med tog til Otta. Fjellene heter Jotunheimen fordi de likner vikingskip. Pål Seter studerer arkitektur. Alle delene i stavkirkene henger sammen uten bruk av jern. Lom stavkirke er fra vikingtida. Pål og Annie spiser middag på et konditori. Den mystiske mannen spiser en pannekake med syltetøy.

c Lag fem setninger der ett ord fra hver av de tre boblene skal være med
Eks. de – høye – fjellene. Det er snø på *de høye fjellene.*

den – det – de

små – store – høye
– røde – ferske – gode
– hvite – levende
– gamle – blå

togene – huset – fisken
– bilen – kofferten – fjellene
– kirken – brødet – trollene
– diktet – brevet

d Sett inn *all/alt/alle/hel/helt/hele*

...... studentene er her. De spiser ......

maten og drikker ...... ølet. ...... huset er

blått ...... husene er store. ...... bagasjen er

i bussen. Pål har .... Annie spiser ......

laksen. Hun leser ...... boka. Han tar ......

filmene. Glassene er .... De drikker en

...... flaske vin. Gutten leser ...... diktene.

Mannen arbeider ...... dagen. Studenten

går gjennom ...... toget. Han tar ......

veskene. ...... vogna er opptatt. ......

pakkene er tunge. ...... er mystisk.

e I butikken
Gå i grupper og velg en butikktype
(baker, slakter, fiskebutikk, bokhandel,
sko-, plate- eller klesbutikk).
Lag dialoger mellom kundene og de
ansatte og framfør dialogene.

f Pål skriver dagbok
Om kvelden den 26. mai skriver Pål om alt
det som hendte på turen fra Sognefjell til
Otta. Han bruker preteritum (se verblista
s. 52 og 167ff.). Hva forteller han fra turen,
og hva synes han om Annie? Gjør gjerne
oppgaven som en fellesstil i gruppe.

g Eventyr
Lytt til Edvard Griegs musikk fra
Henrik Ibsens *Peer Gynt.* Hva er et troll?
Diskuter i mindre grupper på bakgrunn
av illustrasjoner fra Asbjørnsen og Moes
eventyr, og fotografiet av trollfiguren
på side 49.
Les og dramatiser «De tre bukkene Bruse».
Se gjerne Ivo Caprinos dukkefilm «Gutten
som kappåt med trollet» på video, og se
hvordan trollet ser ut her.
Bruk det materialet dere har studert,
og lag en liste på seks til ti punkter med
karakteristiske trekk/egenskaper hos troll.

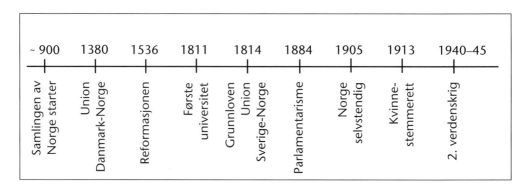

~ 900	1380	1536	1811	1814	1884	1905	1913	1940–45
Samlingen av Norge starter	Union Danmark-Norge	Reformasjonen	Første universitet	Grunnloven Union Sverige-Norge	Parlamentarisme	Norge selvstendig	Kvinne-stemmerett	2. verdenskrig

h Studer tingene som ligger på arbeidsbordet (se bildet s. 48). Er fotografen mann eller kvinne, og hvor gammel er han/hun? Begrunn forslagene. Hva slags personlighetstype er denne fotografen? Hva er det på bildet som får deg til å tro det? Arbeid to og to og lag en liste over adjektiv som passer.

i Hvilken arbeidsoppgave holder fotografen på med akkurat nå? Arbeid to og to, og diskuter deretter de ulike mulighetene i klassen. Husk hele tida å begrunne forslagene.

j Tenk deg at du er det store treet i forgrunnen på bildet på side 50. Hva vil du kunne se i løpet av et år? Arbeid sammen i grupper. Bruk kalenderen for i år og finn navn og tidspunkt for kirkelige høytider og andre festdager. Lag også en liste over hvilke seremonier og andre hendelser treet vil kunne observere til daglig.

k Skriv et lite dikt eller en liten lyrisk tekst med utgangspunkt i ett eller flere av punktene i forrige oppgave. Husk å finne en tittel som passer.

l Lag en liste over stavkirkene i Norge. Plasser dem på et norgeskart. Har vi stavkirker over hele landet?

Annie skriver brev til Kari

Kjære Kari

Nå ligger jeg her i køya på toget til Bodø. Klokka er ti på halv tolv, og jeg får ikke sove, så jeg skriver litt til deg. Det har hendt så mye siden jeg reiste fra Bergen for en uke siden. Et sted mellom Bergen og Årdal tok noen fire filmer fra fotoveska, men ikke apparatet, heldigvis.

   Turen over Sognefjell var fantastisk av to årsaker: først fordi naturen var så fin, men særlig fordi jeg traff en veldig hyggelig arkitektstudent fra Trondheim, Pål Seter. Han viste meg rundt i stavkirken i Lom, så nå vet jeg *alt* om stavkirkenes takkonstruksjon. Vi var der så lenge at bussen var gått da vi kom ut.

Utsikt over Trondheim

Så drakk vi kaffe og spiste kaker på et lite konditori mens vi ventet på neste buss.

Dagene i Trondheim var virkelig fine. Pål og jeg var sammen hele tida. Vi gikk på kino og i teater, og søndag kveld var vi ute og spiste på en hyggelig fiskerestaurant som heter «Naustloftet». Da jeg kom tilbake til hotellrommet om kvelden, så jeg at noen hadde vært inne og sett i papirene som jeg hadde lagt på skrivebordet. Både reiseplanen og adresseboka var borte, men passet og alle de andre papirene lå der. Damen i resepsjonen sa at hun hadde sett en høy mann gå opp trappa. Kan det ha vært mannen med den gule folkevogna fra ferga?

Det var trist å reise fra Trondheim – og fra Pål. Heldigvis skal jeg treffe ham igjen om tre uker. Da vil han være ferdig med eksamen, og jeg vil være tilbake fra Nord-Norge.

Jeg håper du har det fint i Bergen. Regner det? Og hvordan er Festspillene i år?

Klem fra
Annie

ORDLISTE

Substantiv

m
en natur
en takkonstruksjon
en kino
en fiskerestaurant
en reiseplan
en resepsjon
en eksamen
en klem

m/f
en/ei køye
en/ei adressebok
en/ei trapp

n
et teater
et papir
et skrivebord
et pass
et festspill
et år

Adjektiv
mye
trist

Verb
sove
hende
treffe
vente (på)

Adverb
så
særlig
lenge
ut
ute

Konjunksjoner
både – og

Subjunksjoner
at
siden
mens

Demonstrativ
andre

Preposisjoner
om

Spørreord
hvordan

Uttrykk
være sammen
i år
ha det fint

GRAMMATIKK

1 Svake verb

Gruppe 1: -a/-et
vente – venter – ventet/venta – ventet/venta

infinitiv	presens	preteritum	perfektum partisipp
elske	elsker	elsket/elska	elsket/elska
likne	likner	liknet/likna	liknet/likna
overnatte	overnatter	overnattet/overnatta	overnattet/overnatta
snakke	snakker	snakket/snakka	snakket/snakka
stanse	stanser	stanset/stansa	stanset/stansa
stoppe	stopper	stoppet/stoppa	stoppet/stoppa
takke	takker	takket/takka	takket/takka
vente	venter	ventet/venta	ventet/venta
åpne	åpner	åpnet/åpna	åpnet/åpna

Gruppe 2: -te
lese – leser – leste – lest

blåse	blåser	blåste	blåst
forklare	forklarer	forklarte	forklart
fotografere	fotograferer	fotograferte	fotografert
hende	hender	hendte	hendt
henge	henger	hengte	hengt (transitivt)
høre	hører	hørte	hørt
kjøpe	kjøper	kjøpte	kjøpt
kjøre	kjører	kjørte	kjørt

Gruppe 3: -de

leve – lever – levde – levd

leve	lever	levde	levd
prøve	prøver	prøvde	prøvd
veie	veier	veide	veid

Gruppe 4: -dde

bo – bor – bodde – bodd

bo/bu	bor/bur	bodde/budde	bodd/budd
tro/tru	tror/trur	trodde/trudde	trodd/trudd

Blandet bøyning:

håpe	håper	håpa/håpet/håpte	håpa/håpet/håpt
regne	regner	regna/regnet/regnte	regna/regnet/regnt
lage	lager	laga/laget/lagde	laga/laget/lagd
arbeide	arbeider	arbeida/arbeidet/arbeidde	arbeida/arbeidet/arbeidd
gløde	gløder	gløda/glødet/glødde	gløda/glødet/glødd

---

2 Sterke verb (se fullstendig liste s. 169–170)

infinitiv	presens	preteritum	perfektum partisipp
bli	blir	ble/blei/vart	blitt
drikke	drikker	drakk	drukket
dø	dør	døde/dødde	dødd
forstå	forstår	forstod	forstått
få	får	fikk	fått
gjøre	gjør	gjorde	gjort
gå	går	gikk	gått
ha	har	hadde	hatt
henge *(intr.)*	henger	hang	hengt
hete	heter	hette/het	hett
komme	kommer	kom	kommet
la	lar	lot	latt
legge	legger	la	lagt
ligge	ligger	lå	lagt
se	ser	så	sett
selge	selger	solgte	solgt
sette	setter	satte	satt
si	sier	sa	sagt
sitte	sitter	satt	sittet
skrive	skriver	skrev/skreiv	skrevet
sove	sover	sov	sovet
spørre	spør	spurte	spurt
synes	synes/syns	syntes	synes/syns
ta	tar	tok	tatt
treffe	treffer	traff	truffet
vite	vet/veit	visste	visst
være	er	var	vært

3 Framtid

*Framtid uttrykkes ved **presens + tidsledd:***

Han reiser i morgen.
Jeg kommer på søndag.

*Framtid uttrykkes ved **skal/vil + infinitiv**, ofte med modal funksjon. Uttrykket blir minst modalt når **skal** brukes i 1. person og **vil** i 2. person og 3. person entall/flertall, og den temporale funksjonen dominerer:*

Jeg skal reise på mandag.
Han vil være ferdig kl. 4.

*Ren temporal framtid kan uttrykkes ved **kommer til å ...:***

Han kommer til å selge bilen.
Jeg kommer til å ta båt.

4 Perfektum

Perfektum: ha + perfektum partisipp
*Ved bevegelsesverb og overgangsverb kan man også bruke **være.***

Verbal bruk – ha: Han har reist.
Resultatet/tilstanden – være: Han er reist.
                            Bussen er gått.

Bruk av preteritum og perfektum

Preteritum
Avsluttet fortid:
Hvor lenge bodde du i Oslo?

Om en handling på et bestemt tidspunkt i fortida:
Så du «Gjengangere» på søndag?
Nei, jeg så det for ei uke siden.
Når skrev du brevet?
Jeg skrev det i går.

Perfektum
Uavsluttet fortid:
Hvor lenge har du bodd i Oslo?

Når det som skjedde i fortida har en virkning på nåtida (resultat/følge):
Har du sett «Gjengangere»?
Nei, jeg har ikke sett den ennå.
Har du skrevet brevet?
Ja, vær så god, her er det.

5 Bruk av *da* og *når*

Da
en gang, i fortid:
Da Tor kom hjem, spiste vi.

Når
framtid:
Når Tor kommer hjem, skal vi spise.

Når
hver gang, i fortid og nåtid (vane, gjentakelse):
Når Tor kommer hjem, spiser vi.
Når Tor kom hjem, spiste vi.

Når
spørsmål i fortid og nåtid:
Når kommer Tor hjem?
Når kom Tor hjem?

6 Månedene

januar
februar
mars
april
mai
juni
juli
august
september
oktober
november
desember

a Hulltekst

På .... turen over Sognefjell .... den .... fotografen den .... studenten. Han ...... henne rundt i .... stavkirken i Lom, så nå ...... hun alt om .... stavkirkene. Mens de .... på .... bussen til Otta, ... de kaffe og .... kaker på .... konditoriet i Lom. Dagene i Trondheim ...... virkelig fine. Den .... fotografen og ...... norske studenten ...... sammen ...... tida. De ...... i .... teatret og ...... det ...... skuespillet «Gjengangere». Da ...... franske fotografen .... til hotellrommet søndag kveld, ... hun at noen .... inne og ...... i .... papirene som ...... på .... skrivebordet. .... reiseplanen og ...., ... adresse- boka var borte, men .... passet og .... papirene ...... der. Den ...... damen i resepsjonen ...... at hun hadde ...... den ...... mannen ...... opp .... trappa til .... rommene.

På den fine turen over Sognefjell traff den franske fotografen den norske studenten. Han viste henne rundt i den gamle stavkirken i Lom, så nå vet hun alt om de norske stavkirkene. Mens de ventet på den hurtige bussen til Otta, drakk de kaffe og spiste kaker på det lille konditoriet i Lom. Dagene i Trondheim var virkelig fine. Den franske fotografen og den norske studenten var sammen hele tida. De gikk i det nye teatret og så det gode skuespillet «Gjengangere». Da den franske fotografen kom tilbake til hotellrommet søndag kveld, så hun at noen hadde vært inne og sett i de franske papirene som lå på det lyse skrivebordet. Den lange reiseplanen og den lille, blå adresse- boka var borte, men det røde passet og alle de andre papirene lå der. Den unge damen i resepsjonen sa at hun hadde sett den høye mannen gå opp den lange trappa til de små rommene.

b Skriv om med preteritum

komme	På tirsdag .... Arne til Oslo.
bo	Han .... på et lite hotell.
koste	Det .... 570 kroner.
skinne	Sola ....
studere	Han .... prislisten og
synes	.... at det var dyrt.
like	Han .... ikke hotellet.
tenke	Han .... på det lille huset i Halden.
høre	Utenfor .... han mange biler
kjøre	og busser som ....
prøve	Han .... å lese en bok,
åpne	men så .... han døra
gå	og .... ut.
håpe	Han .... at han snart
kunne	.... reise tilbake.
sende	Så .... han en pakke
veie	som .... 825 g.
bli	Det .... seint,
vite	og han .... ikke
skulle	hva han .... gjøre.
gå	Han .... tilbake til hotellet
sette	og .... seg i kafeteriaen.
spise	Han .... to varme pølser
drikke	og .... et stort glass øl.
legge	Kl. 23.30 .... han seg.
sove	Han .... kl. 23.45.

---

c Hva er klokka?

09.35	05.45	04.20
12.55	11.50	08.35
16.20	10.30	15.25
07.10	18.40	20.10
03.25	03.05	17.30

d Sett inn *da/når*

...... Arne kom til byen, spiste han middag.

...... han er i Oslo, tar han alltid bussen.

...... blir det mørkt? ...... han gikk ut, reg-

net det. Det regner alltid ...... han går ut.

...... kom dere til byen? Alle sov ...... han

kom tilbake. ...... traff du henne? vi

var i Frankrike, spiste vi alltid kl. åtte.

---

e Adjektiv i ubestemt og bestem form

Tegn et skjema som vist i eksemplet. Plasser ordgruppene på riktig plass i skjemaet, og fyll ut resten av skjemaet med riktig bøyning. **Eks.**

entall		flertall	
ubestemt	**bestemt**	**ubestemt**	**bestemt**
en liten bil	den lille bilen	små biler	de små bilene

små kopper, ei lang trapp, ei trist bok, høye fjell, et blått øye, den tunge kofferten, det gamle vikingskipet, de mystiske trollene, det nye skrivebordet, det fine toget

f Sett inn *vite/vise* **i presens eller preteritum**

Jeg ...... ikke at han var arkitekt. Han ......

meg plassen. Hun ...... bildene til alle. De

...... hvor jeg bodde. ...... du hva klokka er?

---

g Min kalender
Fortell hva du skal gjøre de neste to
månedene. Bruk «*skal/vil + infinitiv*» og
«*kommer til å ...*»

---

h Intervju
Velg to som skal «være» Annie og Pål.
De andre forbereder spørsmål til et
intervju, gjerne i mindre grupper. Spør
også om ting som ligger helt utenfor
teksten, hva de liker og er interessert i osv.
og gjerne også hva de synes om hverandre.

---

i Karis dag på universitetet
Skriv om hva som skjedde i løpet av en
dag, og når det skjedde. Bruk preteritum.

---

j Bildet på sidene 56–57 skal være på for-
siden av en liten brosjyre om Trondheim.
Brosjyren skal presentere byen som enten
a) studiested,
b) reisemål for en gruppe
historieinteresserte på rundtur i
Skandinavia eller
c) vertsby for en større internasjonal
konferanse.
Klassen deles i tre grupper som hver skal
lage en kort tekst som passer til ett av
alternativene a, b eller c. Hvordan skal
overskriften være for å vekke interesse hos
målgruppen? Overskriften skal inneholde
minst ett adjektiv og være på maksimum
seks ord. Sammenlikn de tre tekstene. Er de
veldig forskjellige?

k Få tak i et bykart over Trondheim. Du er i
utkanten av byen, og du treffer en turist
som ber deg forklare ham den enkleste
veien til Nidarosdomen. Arbeid sammen to
og to, og lag en samtale mellom deg og
turisten.

l Studer husene som du ser på bildet.
Arbeid sammen to og to. Den ene (A)
tenker på ett av husene, og den andre (B)
skal prøve å finne ut hvilket hus det er ved
å stille spørsmål om farge, størrelse,
beliggenhet, plassering på bildet osv.
Husk at (A) bare kan svare «ja» eller «nei».
Etterpå er det den andres tur til å spørre.
Hvor mange spørsmål trenger hver av dere
for å finne huset? Diskuter deretter i samlet
klasse hvilke spørsmål som vil være mest
effektive. Lag en liste på tavlen over de
spørsmålene som vil føre til riktig svar på
kortest tid.

---

m Ut på byen i Trondheim? Finn en
restaurant. Velg en fristende meny.

BODØ, ONSDAG 6. JUNI

På Sentralsykehuset i Bodø

Da Annie reiste fra Trondheim onsdag kveld, følte hun seg ikke bra. Om natta sov hun svært dårlig, og neste dag fikk hun høy feber. Hun kastet opp og hadde veldig vondt i magen, og legen som kom for å undersøke henne, tenkte straks på blindtarmsbetennelse.

Legen: Er det i høyre eller venstre side av magen du har vondt?
Annie: I hele magen, men særlig i høyre side. Au!

Hun ropte høyt da han følte forsiktig på den høyre siden.

Legen: Her har vi ingen tid å miste. Vi må legge deg inn på sykehuset og operere deg så fort som mulig. Jeg skal ringe etter en sykebil med det samme.

Mens de ventet på at sykebilen skulle komme, fylte legen ut innleggelsespapirene. Det var så vidt Annie orket å svare.

Legen: Når er du født?
Annie: Den sjette i fjerde nittensyttiåtte.
Legen: Hvor?
Annie: I Rouen i Frankrike.
Legen: Er du medlem av Folketrygden?
Annie: Nei, men jeg har en reise- og sykeforsikring.
Legen: Det er bra. Har du vært syk før?
Annie: Nei, ikke alvorlig syk. Jeg brakk armen en gang som barn, men det er alt.

Så kom sykebilen, og Annie husket ikke mer før hun våknet i en sykeseng i et stort, lysegult rom med en ubehagelig følelse i hodet og magen.
En hyggelig sykepleier stod ved senga.

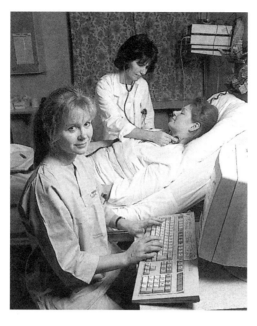

Pasient på Ullevål sykehus
(Illustrasjonsfoto)

Sykepleieren: Begynner du å komme til deg selv nå, Annie?
Operasjonen gikk helt fint, og du vil bare få et lite, smalt arr til minne om Bodø-oppholdet. Hvis du får mer vondt seinere på dagen, skal du få noe smertestillende.

Den sjette dagen etter operasjonen var Annie kommet seg litt.
Hun var blitt kjent med sykepleierne og de andre pasientene på avdelingen. Hun lå på rom nummer 103 som vendte mot nord, og hun våknet ofte om natta fordi det var så lyst ute. En natt våknet hun klokka halv ett, og hun så at det var strålende solskinn. Hun tok på seg morgenkåpa og gikk bort til vinduet, mens hun tenkte:
Jeg trodde ikke at jeg skulle få se midnattssola for første gang fra et sykehusvindu.

Plan over Kirurgisk avdeling B, post 4, første etasje:

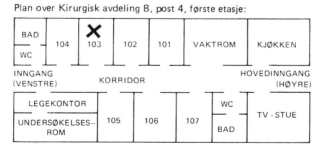

ORDLISTE

Substantiv

m
(en) feber
en mage
en lege
en blindtarm
en betennelse
en sykebil
en innleggelse
en arm
en sykepleier
en pasient
en post
en etasje
en inngang
en undersøkelse

m/f
en/ei side
en/ei forsikring
en/ei avdeling
en/ei natt
en/ei morgenkåpe
en/ei midnattssol
en/ei vakt
en/ei stue

n
et sykehus
et medlem
et barn
et arr
et minne
et opphold
(et) solskinn
et bad
et WC
et kontor

Adjektiv
strålende
kirurgisk
dårlig
høyre
venstre

bra
vond
fort
før
mulig
syk
alvorlig
lysegul
ubehagelig
smal
smertestillende

Verb
føle
kaste (opp)
undersøke
rope
føle
miste
operere
ringe
orke
svare
føde
brekke
huske
begynne
stå
våkne
kjenne
vende

Adverb
seinere/senere

Subjunksjoner
hvis

Demonstrativ
selv

Uttrykk
Au!
føle seg
legge inn

med det samme
så vidt
komme til seg selv
komme seg
til minne om
ta på seg

for første gang
nord
sør
øst
vest

GRAMMATIKK

1 Svake verb, gruppe 1

kaste	kastet/kasta	kastet/kasta
vente	ventet/venta	ventet/venta
orke	orket/orka	orket/orka
huske	husket/huska	husket/huska
våkne	våknet/våkna	våknet/våkna
miste	mistet/mista	mistet/mista

2 Adjektiv med adverbiell funksjon

adjektiv	*adverb*
en *høy* mann	han roper *høyt*
en *lang* vei	de kjører *langt*

3 Uttrykk med *bli* og *få*

durativ	*inkoativ*
(varig tilstand)	(forandring)
Det *er* lyst.	Det *blir* lyst.
Hun *er* syk.	Hun *blir* syk.
Han *har* en bil.	Han *får* en bil.
Hun *har* vondt.	Hun *får* vondt.

4 Ordenstall 1–10

		Uten artikkel
1.	den første	
2.	den andre	første gang(en)
3.	den tredje	annen etasje
4.	den fjerde	
5.	den femte	9. april 1940
6.	den sjette	
7.	den sjuende	
8.	den åttende	
9.	den niende	
10.	den tiende	

5 Etasjene

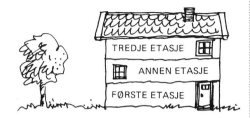

TREDJE ETASJE

ANNEN ETASJE

FØRSTE ETASJE

6 Konjunksjoner

og/eller/men/for

| helsetning | , konjunksjon | helsetning |

7 Subjunksjoner

– Adverbiale leddsetninger (A):
hvis, fordi, siden, før, idet, mens, når, da

– Nominale leddsetninger (N): *at*

| Helsetning | (subjunksjon) leddsetning |

OPPGAVER

a Hulltekst

Annie .... seg ikke bra ...... hun .... fra Trondheim .... natta ...... hun dårlig, og .... dag ...... hun høy .... Hun .... og hadde veldig .... i .... side av magen, så legen .... straks på blindtarmsbetennelse. Han ville .... henne inn på sykehuset, så han .... etter en .... med det samme. Annie ...... ikke .... av Folketrygden, men hun hadde .... en sykeforsikring.

Den .... dagen etter operasjonen var Annie .... seg .... Hun ...... på rom nummer 103 som .... mot nord. Det er den .... døra til ...., sett fra den .... inngangen.

En natt .... hun og ...... midnattssola ....

Annie følte seg ikke bra da hun reiste fra Trondheim onsdag kveld. Om natta sov hun dårlig, og neste dag fikk hun høy feber. Hun kastet opp og hadde veldig vondt i høyre side av magen, så legen tenkte straks på blindtarmsbetennelse. Han ville legge henne inn på sykehuset, så han ringte etter en sykebil med det samme. Annie var ikke medlem av Folketrygden, men hun hadde heldigvis en sykeforsikring.

Den sjette dagen etter operasjonen var Annie kommet seg litt. Hun lå på rom nummer 103 som vendte mot nord. Det er den tredje døra til venstre, sett fra den venstre inngangen.

En natt våknet hun og så midnattssola for første gang.

b Sett inn konjunksjoner og subjunksjoner

...... jeg kom til Bodø, ble jeg syk. Jeg har ikke sett ham ...... jeg kom til Bodø. Hun fant ikke passet ...... hun reiste fra Bodø. Det har hendt så mye ...... jeg kom til Norge. ...... jeg var i Trondheim, så jeg mannen. Vi gikk på kino ...... vi var i Trondheim. ......du blir sulten, skal du få noe å spise. ...... de var i kirken, gikk bussen. ...... det er helt lyst, får jeg ikke sove. ...... hun spiste fisken, fikk hun vondt i magen. Hun fikk vondt i hodet ...... hun hadde sovet dårlig. Legen fylte ut papirene ...... han la henne inn på sykehuset. Hun så ham ...... han gikk inn hovedinngangen. Hun drakk ikke kaffen, ... den var ikke god. Han spiste ikke fisken ...... den ikke var fersk. Hun sa ...... mannen hadde gått ut. Hun våknet om natta ...... det var helt lyst ute. Hun så opp i taket ...... han pekte og forklarte. Han syntes ...... det var interessant.

c Fyll ut med preteritumsformer

stå	En natt ...... Kari ved
se	vinduet og ...... ut.
ringe	Plutselig .... det på døra
komme	og Knut ...... inn.
føle	Han ...... seg dårlig.
kjenne	Kari .... en hyggelig lege,
ringe	og hun .... til ham, men
svare	han .... at han ikke

kunne	.... komme.
begynne	Knut .... å få feber.
vende	Han .... seg mot vasken
kaste	og .... opp.
legge	Så .... han seg på senga for
kjøre	å sove mens Kari .... til
bo	en gammel lege som ....
prøve	like ved. Han .... å snakke
orke	med Knut, men Knut .... ikke å svare.
høre	Han .... ikke hva
si	legen .... Han
tro	.... at han
skulle	...... dø.
forstå	Men legen .... at det
være	ikke ...... alvorlig, og
få	Knut ...... noe som
gjøre	.... at feberen
gå	.... ned.
takke	Kari .... legen og
synes	.... at det
være	...... strålende at han
ville	.... komme så seint på natta.

d Sett inn riktig form all eller hel

Har dere spist litt mat?

Ja, vi har spist ...... maten.

Har dere spist litt av kaken?

Ja, vi har spist ...... kaken.

Har dere skrevet til medlemmene?

Ja, vi har skrevet til ...... medlemmene.

Har dere vært i annen etasje?

Ja, vi har vært i ...... etasjene.

Har dere undersøkt pasientene?

Ja, vi har undersøkt ...... pasientene.

Har du sovet godt?

Ja, jeg har sovet ...... natta.

Har du spist noe laks?

Ja, jeg har spist ...... laksen.

Har de spist noen rundstykker?

Ja, de har spist ...... rundstykkene.

Har du lest litt av boka?

Ja, jeg har lest ...... boka.

Har du solgt litt av fisken?

Ja, jeg har solgt ...... fisken.

Har han drukket noe melk?

Ja, han har drukket ...... melken.

Har han tatt noen frimerker?

Ja, han har tatt ...... frimerkene.

Har han fått noe av bagasjen?

Ja, han har fått ...... bagasjen.

Har hun sett en del av sykehuset?

Ja, hun har sett ...... sykehuset.

Har hun kjøpt noe av skinken?

Ja, hun har kjøpt ...... skinken.

Har du drukket noe øl?

Ja, jeg har drukket ...... ølet.

Har du drukket noe av flasken?

Ja, jeg har drukket ...... flasken.

e Skriv om til én setning ved hjelp av konjunksjon eller subjunksjon
Jeg har sovet dårlig. Jeg får vondt i hodet.
Jeg kommer til Bodø. Jeg får tid.
Det er lyst. Jeg våkner alltid.
Han gikk ned trappa. Jeg så ham.
Han ringte. Jeg så på TV.
Du spør meg. Jeg vil ikke svare.
Hun blir bra igjen. Hun vil begynne å arbeide.
Hun ble syk. Hun spiste fisken.
Hun tok på seg morgenkåpen. Hun gikk ut.
Hun hadde ikke spist noe. Hun ble syk.

f Spørrekonkurranse om yrker
Del klassen i to lag. Hvert lag får lapper av læreren og finner navn på yrker som dere skriver på lappene. Lappene samles i en haug, og en fra hvert lag trekker en lapp etter tur. De to lagene konkurrerer om å finne ut hvilket yrke som står på lappen ved å stille ja/nei-spørsmål, og de som er på samme lag, kan diskutere hvilke spørsmål de vil stille. (Eksempel på spørsmål: «Arbeider du med mennesker?») Læreren teller hvor mange spørsmål som hvert lag bruker på hvert yrke, og det laget som har klart flest yrker med færrest spørsmål, har vunnet. Diskuter til slutt i samlet klasse hvilke spørsmål som er mest effektive og fører fortest til et riktig svar.

g Tegning
Arbeid sammen to og to. Lag en skisse av kroppen. Dere skal sette så mange navn som mulig på kroppsdelene innen ti minutter. Hvilken gruppe fant flest korrekte navn?

h Hos legen
Læreren skriver ned mange sykdommer på forskjellige lapper. Én trekker. Klassen er leger og stiller spørsmål til en pasient som plutselig er blitt syk og bare kan nikke eller riste på hodet som svar. Den som først finner fram til riktig sykdom, trekker neste lapp.

i Arbeid sammen i grupper og diskuter hva grunnen kan være til at denne kvinnen (bildet s. 65) er på sykehuset nå. Hver student kommer med ett forslag, og husk å begrunne forslagene!
Sammenlikn i fellesskap (samlet klasse) forslagene fra alle gruppene, og velg ett alternativ. Lag en liste på tavla over spørsmål som legen eller sykepleieren kan stille til denne pasienten.
Gå tilbake i grupper på fire. Nå skal hver student bruke sitt eget forslag og være pasient etter tur (se ovenfor). De andre i gruppa stiller spørsmål. Passer spørsmålene på tavla, eller må dere finne på nye?

j Kvinnen ved datamaskinen ser ut som hun tenker på noe hyggelig. Hva tenker hun på? Diskuter ulike muligheter i grupper, og lag en kort indre monolog. Hver gruppe leser opp sin monolog. Er det stor forskjell på monologene?

k Kvinnen ved datamaskinen ser på fotografen som tar bildet. Hvem er fotografen, og hvordan ser han ut? De får lyst til å bli bedre kjent med hverandre, og de snakker sammen etter at bildet er tatt. Hva sier de? Arbeid sammen i grupper og lag en samtale.

l Hva slags vær er det i Bodø, Bergen, Oslo og Longyearbyen i dag?
Opplysningene finner du på Internett.

Den ukjente mannen

Annie sitter i drosjen på vei til pensjonatet. Hun er nettopp skrevet ut fra sykehuset, og hun føler seg ennå ikke helt frisk. Hun er over en uke etter reiseplanen, og det er for seint å ta Hurtigruten til Kirkenes nå. Ikke har hun fått se Saltstraumen, og ikke har hun tatt bilder i Lofoten. Hva vil avisen si til det? Ikke et eneste bilde fra Nord-Norge! Hun har mest lyst til å reise direkte hjem til Rouen med det samme. Her i dette landet er hun forfulgt av uhell hele tida.

Hun får nøkkelen, går langsomt opp på rommet og setter seg ved vinduet. Det eneste lyspunktet er Pål. Han har sendt henne vakre blomster og lange, hyggelige brev. Bare han var her nå!

Plutselig ser hun en bil stoppe utenfor pensjonatet, og en høy mann med mørke briller går inn hovedinngangen. Annie tror hun drømmer: Det er mannen i den gule folkevogna! Hvorfor er han her i Bodø? Har han fulgt etter henne helt hit? Hva vil han henne? Annie blir redd. Hun vil ikke treffe ham for alt i verden. Hvis han banker på døra, vil hun rope høyt om hjelp.

Hun hører noen gå tungt opp trappa og stoppe i korridoren like utenfor rommet. Det banker på døra.

Mannen: Annie Clavel. Vær vennlig å lukke opp. Jeg må få snakke med deg. Det er politiinspektør Sven Bøye.

Annie blir sittende uten å si et ord.

Gammel sjarm!
Folkevogner i Oslo

Bøye: La meg få snakke med deg. Det er veldig viktig. Jeg skal forklare alt.

Annie lukker forsiktig opp døra og ser på politiskiltet som han viser henne.

Bøye: Jeg arbeider med en stor kriminalsak som du er kommet til å spille en viktig rolle i. For å få vite mer om de personene som vi mistenker, trenger vi hjelp av deg. Hvis du har tid en liten stund, skal jeg forklare deg det. Kan jeg få komme inn litt?
Annie: Ja, vær så god, men jeg forstår ikke ...
Bøye: Husker du hvem som var på ferga mellom Kinsarvik og Kvanndal 8. mai?
Annie: Ja, du var der, og mange andre også, men ...
Bøye: Husker du en dame med rød jakke som drakk en kopp te i kafeteriaen? Det var Liv Pettersen fra Stavanger. Hun arbeider som journalist i Stavanger Aftenblad og er svært interessert i denne saken. Jeg følger etter Per Kapland, som vi tror er hovedmannen. På ferga tok han feil av deg og Liv Pettersen. Han har fulgt etter deg hele tida, men du har sikkert ikke merket det.
Annie: Nei, men jeg har sett deg mange ganger.
Bøye: Det er *ham* jeg har fulgt etter, ikke deg. Du likner på Liv Pettersen, og han har ikke fått vite hvem du virkelig er, det har *jeg* tatt meg av. Nå venter han at du skal ta bilder av noen navngitte personer på forskjellige steder i Nord-Norge. Dersom du vil spille rollen i noen uker til, kan vi kanskje få tak i hele organisasjonen. Du skal få godt betalt for det. Jeg har laget en ny reiseplan for deg. Alt er klart.
Vil du gjøre dette for oss?

Han viser henne den nye reiseplanen.

Annie vet ikke hva hun skal tro. Snakker mannen sant? Er han den han sier han er? Kan hun klare å spille rollen? Orker hun å reise videre nå like etter operasjonen? Kanskje det kan bli farlig? Kanskje han selv er forbryter og vil at hun skal arbeide for ham? Men hun trenger penger, og nå vil hun kunne lage Nord-Norge-reportasjen likevel. En gang når alt er over, har hun kanskje stoff til en spennende historie for avisen. Hvem vet?

DEN NYE REISEPLANEN

mandag	11.6.	– fly fra Bodø til Tromsø kl. 12.35
tirsdag	12.6.	– fly fra Tromsø til Svalbard kl. 13.15
onsdag	13.6.	– opphold på Svalbard
torsdag	14.6.	– fly fra Svalbard til Tromsø kl. 14.05
fredag	15.6.	– fly fra Tromsø til Kirkenes kl. 06.05
lørdag	16.6.	– fly fra Kirkenes til Alta kl. 06.25
søndag	17.6.	– buss fra Alta til Kautokeino kl. 14.00 (ankomst 16.30)
		– retur samme kveld
mandag	18.6.	– fly fra Alta til Bardufoss kl. 07.35
tirsdag	19.6.	– fly fra Bardufoss til Evenes kl. 06.30
		– buss til Narvik med retur samme kveld
onsdag	20.6.	– fly fra Evenes til Bodø kl. 19.05

ORDLISTE

Substantiv

et tak
et stoff

m
en politiinspektør
en journalist
en hovedmann
en feil
en organisasjon
en forbryter
penger (flertall)
en gang
en retur

m/f
en/ei drosje
en/ei avis
en/ei lyst
en/ei kriminalsak
en/ei hjelp
en/ei sak
en/ei jakke
en/ei rolle
en/ei historie

n
et uhell
et lyspunkt
et ord
et skilt

Adjektiv
ukjent
frisk
eneste
redd
vennlig
viktig
virkelig
farlig
interessert
navngitt (partisipp)
forskjellig
direkte
langsom
veldig

Verb
drømme
forfølge
følge (etter)
banke
lukke
spille
mistenke
trenge
betale
klare

Adverb
nettopp
ennå
likevel
bare
helst
hjem

Subjunksjoner
dersom
om

Demonstrativ
samme

Uttrykk
skrive ut
ha lyst til
Bare han var her!
følge etter
ville noen noe
for alt i verden
rope om hjelp
Vær vennlig å ...
komme til å
ta feil av
ta seg av noe
få tak i noe/noen
få betalt
være over
mest lyst til

GRAMMATIKK

1 Svake verb, gruppe 2

betale	betalte	betalt
drømme	drømte	drømt
føle	følte	følt
klare	klarte	klart
mistenke	mistenkte	mistenkt
spille	spilte	spilt
trenge	trengte	trengt

NB

| vite | vet | visste | visst |
| vise | viser | viste | vist |

2 Perfektum partisipp som adjektiv

Hun er skrevet ut.
Middagen er betalt.
De er mistenkt.

3 Uttrykk med *få*

få snakke med
få se
få betalt
få vite
få gå
få tak i

4 Ordenstall 11–1001

11.	den ellevte
12.	den tolvte
13.	den trettende
14.	den fjortende
15.	den femtende
16.	den sekstende
17.	den syttende
18.	den attende
19.	den nittende
20.	den tjuende
21.	den tjueførste
30.	den trettiende
40.	den førtiende
50.	den femtiende
60.	den sekstiende
70.	den syttiende
80.	den åttiende
90.	den nittiende
100.	den hundrede
101.	den hundreogførste
200.	den tohundrede
1000.	den tusende
1001.	den tusenogførste

5 Prefikset *u-*

uriktig	unorsk	uhell	ukjent
uvær	uhyggelig	uredd	uorden
uvenn	uår	ufarlig	uvennlig

6 Objektsinfinitiv ved *se/høre/kjenne/be/la*

Hun ser *en mann gå* inn.
Hun ser en mann som går inn.
Hun hører *noen stoppe* utenfor.
Hun hører noen som stopper utenfor.

7 Leddstilling ved *kanskje*

Kanskje han er forbryter?
Kanskje det kan bli farlig?
Kanskje han ikke har fulgt etter henne?
(Skjult leddsetning: Det kan skje at ....)

8 Leddstilling ved *så* (se også s. 140)

– som konjunksjon

helsetning	, så	helsetning

Jeg får ikke sove, *så* jeg skriver litt til deg.
Han viste meg rundt i Lom,
så nå vet jeg alt om stavkirker.

– som subjunksjon

helsetning	så leddsetning

Hun lukket døra *så* han ikke skulle komme
inn. (hensikt)
Det var så mørkt *så* hun ikke kunne ta
bilder. (følge)

– som adverb

deretter/etterpå

Først går hun opp på rommet.
Så setter hun seg ved vinduet.

– etter betingelsessetninger

Hvis du spiller rollen, *(så)** skal du få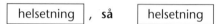
mange penger.

**Så* kan her tas bort uten at leddstillingen
forandres.*

a Hulltekst

...... Annie ...... drosje hjem ...... sykehuset søndag 10. juni, ... hun på Nord-Norge-turen. Hun .... seg ikke helt ...., og hun .... det var trist ikke å ...... et .... bilde fra Nord-Norge. Hun ville .... reise ...... til Frankrike ....

Hun ...... langsomt ...... på rommet og .... seg ved .... Plutselig .... en liten bil .... i .... utenfor pensjonatet, og den .... mannen ...... inn hovedinn-gangen. Annie .... hun ....

Så .... hun noen ...... opp .... og stoppe .... rommet. Det .... på døra, og hun .... noen som sa: «Vær .... å .... opp. Jeg må ...... snakke ...... deg!»

Det var .... Sven Bøye, som .... med en stor kriminalsak. Han .... hjelp av Annie for å få ...... mer om de personene ...... han mistenkte. Han .... Annie at Per Kapland tok ...... av henne og Liv Pettersen på .... 8. mai. Han trodde ...... Annie var Liv, og seinere .... han etter henne. Sven Bøye .... om Annie ville spille .... i .... til, og han .... henne den ...... reiseplanen ...... han hadde laget.

Da Annie tok drosje hjem fra sykehuset søndag den 10. juni, tenkte hun på Nord-Norge-turen. Hun følte seg ikke helt frisk, og hun syntes det var trist ikke å få et eneste bilde fra Nord-Norge. Hun ville helst reise hjem til Frankrike med det samme.

Hun gikk langsomt opp på rommet og satte seg ved vinduet. Plutselig så hun en liten bil stoppe i gaten utenfor pensjonatet, og den mystiske mannen gikk inn hovedinn-gangen. Annie trodde hun drømte.

Så hørte hun noen gå opp trappa og stoppe utenfor rommet. Det banket på døra, og hun hørte noen som sa: «Vær vennlig å lukke opp. Jeg må få snakke med deg!»

Det var politiinspektør Sven Bøye, som arbeidet med en stor kriminalsak. Han trengte hjelp av Annie for å vite mer om de personene som han mistenkte. Han forklarte Annie at Per Kapland tok feil av henne og Liv Pettersen på ferga 8. mai. Han trodde at Annie var Liv, og seinere fulgte han etter henne. Sven Bøye spurte om Annie ville spille rollen i noen uker til, og han viste henne den nye reiseplanen som han hadde laget.

Annie .... ikke hva hun skulle ....

Snakket mannen ......? ...... hun å reise

videre .... nå? Men hun ....

penger, og hun ville kunne ...... Nord-

Norge-reportasjen ....

Annie visste ikke hva hun skulle tro.

Snakket mannen sant? Orket hun å reise

videre nordover nå? Men hun trengte

penger, og hun ville kunne lage Nord-

Norge-reportasjen likevel.

---

b Analyser *så*. Er det konjunksjon, subjunksjon eller adverb?

Dersom du vil snakke med ham, så kan du komme i morgen.

Han viser henne politiskiltet, så hun ikke skal bli redd.

Hvis du får vondt i hodet, så skal du få noe smertestillende.

Jeg har så vondt i hodet, så jeg tar noe smertestillende.

Vi har god tid, så nå vil jeg lese boka ferdig.

Så tok han fram boka og begynte å lese.

Hun er så syk, så hun ikke orker å reise videre.

Hvis vi skal gå på kino i kveld, så må vi gå nå.

Så gikk de på en god fiskerestaurant.

Jeg vil gjerne ha noe godt i kveld, så vi går ut og spiser.

c Skriv om med *kanskje* i begynnelsen av setningene:

Har hun tatt drosje?
Leste hun en avis?
Ropte han ikke om hjelp?
Arbeidet han ikke med en kriminalsak?
Tok han feil?

d Når er det midnattssol på disse stedene i Nord-Norge?

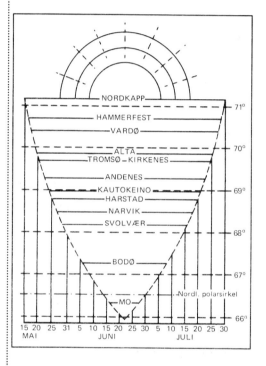

e Fyll ut med preteritum av verbene til venstre

drømme, sitte,

se,

være,

følge,

se,

likne,

høre, rope,

skulle, forstå,

forfølge, vite,

skulle, stanse,

komme, banke,

lukke,

tro,

vente, vise,

huske, være,

få,

forklare, spille,

si, trenge,

skrive

Annies drøm

En natt .... Annie at hun ...... i en stor
buss på vei til Nordkapp. Hun ...... ut av
vinduet, og utenfor ...... det mange gule
folkevogner som .... etter bussen.
Inni bilene ...... hun høye, mørke menn
som .... på den mystiske mannen.
Hun .... at mennene .... at
bussen .... stoppe. Hun .... at de
.... henne. Annie .... ikke hva
hun .... gjøre. Da bussen ....,
...... mennene bort til bussen og ....
på vinduene, men hun .... ikke opp.
Hun .... at de var farlige forbrytere.
Hun .... litt, men da de .... henne
politiskiltene, ... hun at de ...... politi-
menn. Da ...... de komme inn, og de
.... at hun .... rollen som lege
godt. Hun ...... at hun .... penger og
de .... ut en sjekk til henne.

---

f Skriv inn partikler

Vil du kjøpe en bok ...... Nord-Norge? Han skriver ...... en sjekk til henne. Det
blir 70 kr ...... sammen. De kjørte ...... en lang gate. De kom tilbake ...... en
lang stund. Hun arbeider seint ...... dag. Huset ligger sør ...... sentrum. Han tar
fem rundstykker .... Han sitter ...... siden ...... henne. De er ...... vei ......
Bodø. Veien går ...... fjellet. De stopper ...... en stor elv. Hun tar ...... seg jakka.
Han tar ...... passet. Hun liker kaffe ...... melk. Stolen er ...... tre. Bilen står ......
to busser. De har et kart ...... Vestlandet. De skal være der ...... tre uker. Hun skal
reise tilbake til Frankrike ...... tre år. Han venter ...... at hun skal komme. Hun

kjørte ...... 20 min. .... Hun tar ...... brevet ...... veska. Det er mørkt ......

natta. Jeg har lyst ...... å gå på kino. ...... overmorgen reiser vi. Hun så troll ......

første gang. De ropte ...... hjelp. Hun fikk lov ...... å ta bilder. Han bor ...... Liv.

Hun drikker te ...... morgenen. ...... morgen kommer de. Klokka er kvart ......

tre. De skal være på fjellet ...... tre uker. De er ...... ferie. Han tok feil ...... dem.

Flyet går ...... en time. Vi må gå ...... det samme. Hun har studert ...... fem år.

---

g Gruppeoppgave

Annie er veldig urolig etter at Sven Bøye har gått. Hun vet ikke hva hun skal gjøre, og ringer derfor til Pål og forteller ham hva som har hendt. Han har problemer med å forstå, så han stiller henne mange spørsmål.

Gå i grupper og lag en liste over spørsmål Pål kan stille. Skriv så samtalen mellom ham og Annie. Diskuter forskjellige muligheter. Til slutt framfører to i gruppa samtalen.

h Bildet (s. 71) er hentet fra en dramatisk scene midt i en actionfilm. Scenen varer i tre minutter, og dette er situasjonen like før dramatikken bryter ut. Det skjer plutselig flere voldsomme ting på kort tid. Hva skjer i løpet av de følgende tre minuttene? Arbeid i grupper og skriv et kort scenario. Skriv så notater til handlingen før og etter dette dramatiske høydepunktet, og finn en tittel som passer for filmen. Hvilken gruppe har det mest spennende forslaget?

i Dette bildet er hentet fra en animasjonsfilm for barn der de to bilene kan snakke. Arbeid i grupper, og skriv notater til bilenes livshistorie pluss minst tre adjektiver som beskriver bilenes personlighet. Hva er det morsomste bilene har opplevd, og hva er det mest dramatiske? To av studentene i gruppa skriver om den forreste bilen, og de to andre om den bakerste. Sitt slik at dere ikke kan høre hva de to andre i gruppa sier. Gå deretter sammen alle fire, og bruk så notatene til en improvisert samtale mellom de to bilene. Akkurat nå står de og kjeder seg, for det er ingen som kommer for å kjøre dem.

j Skriv et melankolsk dikt eller en liten lyrisk tekst med tittelen «Regntunge gater».

k Finn opplysninger om Nordkapp. Hvordan kommer man dit? Bruk kart og diskuter.

LEKSJON 13

Svalbard – den kalde kysten

Da Annie tok fly fra Tromsø i går kl. 13.15, var hun i dårlig humør. Sven Bøye hadde sagt at hun måtte legge igjen passet sitt og de andre franske papirene sine i en bankboks i Tromsø. Så hadde han gitt henne penger, billetter og et nytt pass med navnet Liv Pettersen. Han hadde også tatt fotoapparatet hennes og gitt henne et bitte lite apparat i stedet.

I flyet satt hun og så på det lille apparatet sitt mens hun tenkte: «Dette er toppen! Nå har jeg mistet navnet mitt også. Jeg har ingenting som er mitt lenger. Filmene mine, apparatet mitt, reiseplanen og adresseboka mi, til og med identiteten min er borte!» Men da flyet svevde inn over Isfjorden, og hun så de takkete fjelltoppene og isbreene på Spitsbergen, var det dårlige humøret hennes blåst bort.

I Longyearbyen tok sysselmannens fullmektig, Egil Fosse, imot henne, og onsdag formiddag var Annie med ham på en tur til en av de norske kull-gruvene. Hun var redd for at han skulle merke at hun ikke var norsk, så hun ville ikke snakke for mye, men siden hun var journalist, syntes hun at hun måtte spørre ham litt om Svalbard. Hun prøvde å snakke lang-somt og med noe hun håpet liknet på Stavanger-dialekt:

Gammel taubane for kullgruvedrift i Longyearbyen, Svalbard

Annie: Hvor mange mennesker bor fast på Svalbard?

Egil: Det er omtrent 2.100 som overvintrer, 1.300 nordmenn og 800 russere. Vi har skole også, med et par hundre elever. Det er verdens nordligste skole. Kona mi, Torill, arbeider der, og begge sønnene våre går der. Universitetene har en egen avdeling her også, UNIS.

Annie: Hvordan liker du og familien din å bo så langt nord?

Egil: Vi liker det godt, men vinteren kan være litt lang. Vi ser ikke sola fra 27. oktober til 16. februar, men vi har kino og andre aktiviteter, og mange liker å gå på jakt.

Annie: Er det sant at det finnes isbjørner her?

Egil: Ja visst! Vi har til og med sett isbjørner like ved husene våre her i Longyearbyen.

Annie: Huff, det må være uhyggelig. Hvordan er forholdene hos russerne?

Egil: De holder til i Barentsburg, og vi kan ta en dagstur dit med båt hvis du har lyst til å se hvordan de har det her.

Ja, selvfølgelig har hun det! En av personene på Sven Bøyes liste er guide og en annen arbeider på det store hotellet i Barentsburg. Hun må prøve å ta noen bilder av dem med det lille apparatet uten at verken nordmennene eller russerne merker noe. Bare norsken hennes er god nok!

ORDLISTE

Substantiv
m
en bankboks
en billett
en identitet
en isbre
en sysselmann
en fullmektig
en formiddag
en dialekt
en vinter
en nordmann
en russer
en skole
en elev
en avdeling
en familie
en aktivitet
en isbjørn
en kyst

en dagstur
en guide

m/f
en/ei kullgruve
en/ei kone
en/ei jakt
en/ei liste

n
et humør
et navn
et menneske
et forhold
et vennskap
et universitet

Adjektiv
takket
ansatt
nordligst
egen

Verb
gi
sveve
overvintre
finnes
holde (til)

Adverb
fast
nok

Konjunksjoner
verken ... eller

Subjunksjoner
siden

Uttrykk
legge igjen
i stedet
ta imot
omtrent
et par hundre
til og med
det/dette er toppen

GRAMMATIKK

1 Svake verb – gruppe 3

leve	levde	levd
prøve	prøvde	prøvd
sveve	svevde	svevd
veie	veide	veid

2 Nye sterke verb i leksjon 11, 12 og 13

brekke	brakk	brukket
finnes	fans/fantes	funnes
forfølge	forfulgte	forfulgt
følge	fulgte	fulgt
gi	gav	gitt
stå	stod	stått

3 Possessiver

entall

	m	f	n	flt.
1p	min	mi	mitt	mine
2p	din	di	ditt	dine
3p	sin	si	sitt	sine

hans
hennes
dens   } (ubøyelige)
dets

flertall

	m	f	n	flt.
1p	vår	vår	vårt	våre
2p	deres			
3p	sin	si	sitt	sine

deres (ubøyelig)

REGEL A: **Subjektet er eieren –** *sin/sitt/si/sine*

De tar hattene sine.
Han tar hatten sin.
Hun tar hatten sin.

REGEL B: *sin/si/sitt/sine* **kan ikke stå som subjekt**

Tor reiser på ferie med *kona si*.

Tor og *kona hans* reiser på ferie.

Subjektet er ikke eieren – *hans/hennes/dens/dets/deres*

Hun tar hatten hans.

Hun tar hatten hennes.

Hun tar hattene deres.

De tar hattene deres.

4 Possessivens plass

Possessiv + ubest. substantiv	Best. substantiv + possessiv
hans bil	bilen hans
hennes hatter	hattene hennes
vårt hus	huset vårt

5 Leddstilling: Plassering av *ikke* i leddsetninger

Hvis du *ikke* vil gå på kino, kan vi bli hjemme.
Han sa at han *ikke* hadde sett filmen.
(Se skjema s. 172)

OPPGAVER

a Hulltekst

I Tromsø .... Annie lagt passet ...... og de andre franske papirene ...... igjen i en .... Sven Bøye .... henne penger, billetter og et ...... pass, og hun hadde ...... et nytt, ... fotoapparat. Annie .... ikke å miste identiteten .... Men ...... flyet svevde inn ...... Svalbard, var det .... humøret .... blåst bort.

Onsdag formiddag .... sammen med Egil Fosse til en av de .... kullgruvene. Hun ville ikke .... for mye .... hun var redd for at han skulle .... at hun ikke var ....

Egil Fosse og familien ...... likte godt å bo på Svalbard, men .... kunne være litt .... Annie hadde ...... til å se .... det var ...... russerne, og hun ville prøve å ta noen bilder .... fotoapparatet.

I Tromsø hadde Annie lagt passet sitt og de andre franske papirene sine igjen i en bankboks. Sven Bøye hadde gitt henne penger, billetter og et nytt pass, og hun hadde fått et nytt, lite fotoapparat. Annie likte ikke å miste identiteten sin. Men da flyet svevde inn over Svalbard, var det dårlige humøret hennes blåst bort.

Onsdag formiddag drog hun sammen med Egil Fosse til en av de norske kullgruvene. Hun ville ikke snakke for mye fordi hun var redd for at han skulle merke at hun ikke var norsk.

Egil Fosse og familien hans likte godt å å bo på Svalbard, men vinteren kunne være litt lang. Annie hadde lyst til å se hvordan det var hos russerne, og hun ville prøve å ta noen bilder med det lille fotoapparatet.

b Riktig/galt
Sett strek under det som er riktig

Annie var i godt humør da hun gikk på flyet i Tromsø. Hun hadde fått ny identitet av Sven Bøye. Annie drog på dagstur med sysselmannen. De var på isbjørnjakt. Egil Fosse var fra Stavanger. Egils sønner gikk på universitetet. Egil Fosses kone arbeidet som guide i Barentsburg. Annie skulle ta bilder av personene på Sven Bøyes liste.

c Studer tegningene nedenfor og skriv inn possessiver i teksten under

Pål gir mat til katten .... Han gir ikke mat til gullfisken .... Katten ...... er liten. Kari drikker melken ......, ikke vinen .... Annie kjører i ...... bil. Han tar ...... fotoapparat. Annie mister filmene .... De hører ...... motorsykkel. Kari leser på hybelen .... Sven og Kari selger bilene .... Pål sender brevet .... Annie får brevet .... Annie spiser frukten .... Hun gir mat til katten .... Pål liker katten ...... , men ikke kanarifuglen .... Pål og Annie ser folkevogna .... De leser boka .... Boka ...... er om Ibsen. Pål gir katten fisken .... Kari ser på kartet .... Annie synes at kartet ...... er godt. Pål ser på ...... klokke. Annie synes at ...... klokke er gammel. Annie spiser osten ...... og brødet .... Sven bor i det lille ...... Huset ...... er hvitt. Han drikker vinen ......

men ikke melken .... Hunden ...... er brun. Den liker verken kanarifuglen ...... eller katten .... Katten spiser fisken ......, men ikke gullfisken .... Fisken ...... var god. Annie hørte Sven kjøre bort i folkevogna .... Sven gav Annie et fotoapparat som hun skulle bruke til reportasjen .... Pål måtte gå hjem fordi katten var syk. Pål gav skinken ...... til katten .... Kari gav brødet ...... til kanarifuglen .... Annie hører motorsykkelen ...... på gaten. Annie hører Pål kjøre motorsykkelen .... Annie tar sykkelen ......, ikke motorsykkelen .... De kjøpte syklene ...... i Trondheim. Syklene ...... er nye. Annie ser Sven kjøre bort i folkevogna .... Hunden ...... sitter på plassen ...... i bilen .... Pål sender brevet ...... til Annie. Hun får brevet ...... i Bodø. Annie synes at blomstene ...... er vakre. Hun vil at Sven skal reise tilbake til huset ....

ANNIE CLAVEL
f. 6/4 -78

KARI DALE
f. 16/7 -77

SVEN BØYE
f. 11/12 -65

PÅL SETER
f. 17/9 -76

d Skriv om til en helsetning med ledd-setning og subjunksjon

Eks. Hun ble syk. Hun hadde ikke spist noe.
Hun ble syk fordi hun ikke hadde spist noe.

Han sa: «Jeg har ikke sett filmen.»
Hun sa: «Jeg har ikke sovet i natt.»
Jeg er redd. Han vil ikke gi meg papirene.
Han vil merke det. Jeg snakker ikke godt nok norsk.
Han sa: «Du må ikke snakke fransk.»
Jeg er tørst. Jeg har ikke drukket noe.

e Se på bildet på side 79. Svalbard skal lanseres som turistmål for turister fra ditt eget hjemland. Hva tror du vil være av særlig interesse for dem? Skaff informasjon om Svalbards historie, klima og naturforhold, og skriv en kort brosjyretekst.

f I brosjyren skal det være med ett bilde til i tillegg til det side 79. Hva vil du foreslå som motiv for det andre bildet? Lag notater til en beskrivelse av det.
Sammenlikn ditt motivvalg med de andres i grupper på fire. Er det stor forskjell på motivene?

g Vil du delta i Spitsbergen Marathon? Finn tre fritidstilbud på Svalbard.

LEKSJON 14

En telefonsamtale

Lørdag ettermiddag går Annie til postkontoret i Alta for å ringe til Kari. Hun er nettopp kommet fra Kirkenes, og hun liker ikke den nye jobben sin i det hele tatt. Nå trenger hun en å snakke med. Hun går inn i en telefonboks, løfter av røret og slår nummeret til studentbyen på Fantoft. Det ringer.

Samer med reinsdyr

Sentralbordet:	Fantoft studentby.
Annie:	Kunne jeg få snakke med Kari Dale, hun bor på 417 D?
Sentralbordet:	Hvem er det som ringer?
Annie:	Det er An.., Liv Pettersen.
Sentralbordet:	Et lite øyeblikk.

Litt seinere hører hun Karis stemme.

Kari:	Hallo?
Annie:	Hei, Kari! Jeg ringer fra Alta. Det var godt at du var hjemme. Jeg *må* snakke med deg!
Kari:	Nei, er det deg, Annie. Det var en overraskelse. Jeg trodde du var tilbake i Frankrike for lengst. Hvordan går det?
Annie:	Jeg vet nesten ikke hva jeg skal svare. Den siste tida har jeg jobbet for den mørke mannen med brillene fra ferga, du husker ham i den gule folkevogna? Det viste seg å være en politiinspektør, og jeg hjelper ham med en kriminalsak. Jeg skal treffe ham i kveld og gi ham bildene jeg har tatt på Svalbard og i Kirkenes med det nye fotoapparatet mitt.
Kari:	Men i alle dager, er du blitt spion nå, Annie? Er du sikker på at han virkelig er politimann?
Annie:	Han viste meg politiskiltet sitt ...
Kari:	Å så naiv du er, Annie, hvordan kan du vite om politiskiltet hans er ekte? Det skjer så mye merkelig for tida. Har du ikke lest Dagbladet i dag? En ung student er funnet død

i et vann i nærheten av Oslo. Politiet tror at det kan være mord, og at han kanskje har hatt kontakt med en stor, internasjonal narkotikaorganisasjon. Du må ikke jobbe lenger for den mystiske mannen, Annie. Kom heller hit og vær en stund sammen med oss! Broren min og jeg skal reise på hytta vår på fjellet en uke, og du trenger litt ferie, du også.

Annie: Tusen takk for invitasjonen, men jeg skal treffe Pål på onsdag.

Kari: Dere kan komme begge to hvis dere vil. Vi har god plass, og foreldrene våre kommer ikke opp før litt ut i juli.

Annie: Kjempefint! Jeg skal bare få tilbake mitt eget pass og de andre papirene mine og lage reportasjen om samene, så reiser jeg sørover.

Kari: Har du gitt fra deg passet ditt? Til hvem? Til mannen? Du må være gal!

Annie: Nei da. Det er helt i orden. Det ligger i en bankboks i Tromsø. Ikke vær redd, Kari! Jeg kommer så snart jeg kan. Ha det godt så lenge.

Kari: Ha det, og vær nå forsiktig!

Annie: Ja da.

Etterpå kjøpte hun Dagbladet, og mens hun satt på kafeen og ventet på at Sven Bøye skulle komme, leste hun:

UNG GUTT FUNNET DØD I SOGNSVANN
Den 21 år gamle høgskolestudenten Jan-Erik Kristiansen ble funnet død ved ni-tida i går i Sognsvann. Han hadde da vært død i minst to døgn, og politiet som undersøker saken, tror at det kan dreie seg om mord.

Bildet viste den samme gutten som hun hadde snakket med på toget til Voss!

ORDLISTE

Substantiv	en politimann	f/m	Adjektiv
m	en kontakt	ei/en hytte	russisk
en ettermiddag	en bror		naiv
en jobb	en invitasjon	**n**	ekte
en telefonboks	en forelder	et øyeblikk	kjempefin
en stemme	en reportasje	et narkotikum	gal
en overraskelse	en same	et vann	død
en spion	en kafé	(et) politi	
	en høgskole	et mord	
	(student)	et døgn	

Verb
løfte
slå
jobbe
hjelpe
skje
finne

Adverb
deretter
etterpå
heller
sørover
hjemme

Preposisjon
langs

Uttrykk
så mange som
mulig
i det hele tatt
den siste tida
det viste seg å være
for tida
for lengst
i nærheten av
litt ut i juli
nei da
ja da
... år gammel
(ubestemt)
den ... år gamle
(bestemt)
det dreier seg om
løfte av

GRAMMATIKK

1 Svake verb, gruppe 4

tro/	tror/	trodde/	trodd/
tru	trur	trudde	trudd
bo	bor	bodde	bodd
skje	skjer	skjedde	skjedd

Unntak:

dø	dør	døde	dødd

Merk forskjellen:
Han har *dødd* (verb)
Han er *død* (adjektiv)

2 Finne/finnes/funnet

finne (aktiv)   – Jeg finner ikke boka mi.
finnes (s-verb)   – Det finnes ingen
                               bøker her.
bli funnet (passiv) – Gutten ble funnet
                               av en mann.

3 Nye sterke verb

finne	fant	funnet
hjelpe	hjalp	hjulpet
slå	slo	slått

4 Noen uregelmessige substantiv

en bror	broren	brødre	brødrene
en drøm	drømmen	drømmer	drømmene
en feil	feilen	feil	feilene
en forelder	forelderen	foreldre	foreldrene
en kafe	kafeen	kafeer	kafeene
en/ei natt	natten/-a	netter	nettene
en vinter	vinteren	vintrer	vintrene

5 Indirekte tale med *at/om*

	Pål: «Jeg kommer.»
at	Pål sa *at* han kom.

	Annie: «Kommer du?»
om	Annie spurte *om* han kom.

6 Possessiver i forbindelse med adjektiv

Pronomen + adjektiv (best. f.) + ubestemt subst.

min nye hatt
mitt nye pass
mine nye bøker

Bestemt art. + bestemt adjektiv + bestemt substantiv + possessiv

den nye hatten min
det nye passet mitt
de nye bøkene mine

7 Possessiv i forbindelse med *egen*

Her kan du bare bruke foranstilt pronomen

Han tok *sin* egen hatt.
De bor i *sitt* eget hus.
De leser *sine* egne bøker.

8 Preteritum brukt modalt

Om nåtid i høflige spørsmål
Kunne jeg få snakke med Kari?
Kunne du hjelpe meg litt?

Ved uttrykk for personlig oppfatning
eller følelse i nåtid
Det var godt at du var hjemme!
Det var en overraskelse!

Den kaken likte jeg!
Bare du var her nå!

OPPGAVER

a Hulltekst

Lørdag ettermiddag ...... Annie til
.... for å .... til Kari. Inne i tele-
fonboksen .... hun av røret og ......
Karis nummer. Kari .... at det var en
.... å .... Annies .... Hun
.... at hun var tilbake i Frankrike
....

    Annie .... at hun .... Sven
Bøye med en kriminalsak og ....
for ham, men Kari .... ikke at mannen
var politimann. Hun sa til Annie at hun
.... jobbe for mannen ....,
og at hun .... skulle komme på
.... på fjellet. Annie ....
for invitasjonen og ...... at hun skulle
.... Pål. Men Kari .... at de kunne
komme .... to, ... det var god plass
på .... Så ...... Annie at hun kom
.... hun kunne og la ...... røret.
Etterpå .... hun Dagbladet, og ......
hun ......på kafeen og .... på at Sven
Bøye skulle komme, ... at gutten
som hun hadde .... med på toget til
Voss, var .... i nærheten av Oslo.

Lørdag ettermiddag gikk Annie til
postkontoret for å ringe til Kari. Inne i tele-
fonboksen løftet hun av røret og slo
Karis nummer. Kari syntes det var en
overraskelse å høre Annies stemme. Hun
trodde at hun var tilbake i Frankrike
for lengst.

    Annie forklarte at hun hjalp Sven
Bøye med en kriminalsak og tok bilder
for ham, men Kari trodde ikke at mannen
var politimann. Hun sa til Annie at hun
ikke måtte jobbe for mannen lenger,
og at hun heller skulle komme på
hytta deres på fjellet. Annie takket
for invitasjonen og sa at hun skulle
treffe Pål. Men Kari svarte at de kunne
komme begge to, for det var god plass
på hytta. Så sa Annie at hun kom
så snart hun kunne og la på røret.
Etterpå kjøpte hun Dagbladet, og mens
hun satt på kafeen og ventet på at Sven
Bøye skulle komme, leste hun at gutten
som hun hadde snakket med på toget til
Voss, var funnet død i nærheten av Oslo.

b Sett inn *egen/eget/egne*

min ...... hund, sin ...... stemme, våre ......

foreldre, vår ...... hytte, hennes ......

billetter, hans ...... navn, min ...... dialekt,

vårt ...... samfunn, sine ...... elever,

hans ...... skilt

---

c Skriv om med possessiver

Tor ringte fra telefonen (Tors) ...... Knut

gikk en tur med sønnen (Tors) .... Kari

har hjulpet broren ...... (Karis). Broren ......

(Karis) svarte ikke. Tor og Kari snakker med

elevene ...... (Tor og Karis). Det er ...... (Tor

og Karis) elever. Studentene leste avisene

...... (studentenes). Ole gav Tor jakka ......

(Tors). Ole arbeidet på ...... (Tor og Karis)

kontor. Ole kjenner ...... (Tors) kone. Kari

betalte for middagen (Annies) ...... Tor traff

...... (Tors) lege. Det er ...... (Tors) lege som

bor der. Ole sa at Kari skulle drikke teen

...... (Karis). Per satt ved ...... (Karis) bord

og leste bøkene (Pers) ..... Kari hørte Annie

kjøre bort i bilen ...... (Karis). Mannen gav

Annie passet ...... (Annies).

---

d En telefonsamtale

Hva sier du på telefonen når du bestiller
billetter til teater eller kino, ferge, tog eller
fly? Hva sier du når du bestiller time hos
lege, tannlege eller frisør? Gå i gruppa og
lag en dialog knyttet til én av disse situa-
sjonene. Deretter skal to i gruppa framføre
den med manus. Sitt med ryggen mot
hverandre slik at dere ikke ser hverandre.

e Antonymer

1 Finn det motsatte av

våkne	få
finne	*gå*
gi	miste
spørre	vite
begynne	kjøpe
komme	lukke
tro	stå
selge	sovne
ligge	stanse
åpne	svare

2 Finn det motsatte av

død	oppe
hurtig	ung
vondt	kjent
mye	langsomt
tidlig	*levende*
nede	stor
trist	lys
gammel	frisk
ukjent	dårlig
hvit	godt
liten	lite
mørk	svart
syk	seint
ledig	hyggelig
god	opptatt

f De to unge samene du ser på bildet side 85, er brødre. Fortell litt om resten av familien deres, hvor de bor og hva de lever av, osv.

g De to samene har helt forskjellige ansiktsuttrykk, og de ser på noe som er til høyre utenfor bildet. Hva ser de på, og hvorfor reagerer de to brødrene så forskjellig? Diskuter ulike muligheter i grupper. Velg ett av forslagene, og lag en dialog mellom de to brødrene.
Hver gruppe dramatiserer og framfører sin dialog.

h Les om samenes tradisjoner og religion. Sammenlikn med andre urbefolkningsgrupper i ditt eget land eller andre steder. Er det likhetspunkter? Diskuter først i små grupper og deretter i samlet klasse.

i Hva heter de mest kjente avisene i Norge? Finn hjemmesidene til minst tre aviser. Skriv ned tre overskrifter fra hver avis. Skriv korte notiser som passer til overskriftene.

Den døde studenten

Annie stirret lenge på bildet i avisen. Nei, det var ingen tvil om at det var den samme gutten. Men hva var skjedd med ham – og hvorfor? Annie så på klokka. Den var kvart over fire, og det var ennå et kvarter til Sven Bøye skulle komme. Hun la sammen avisen, tok veska si og reiste seg fra bordet. Men idet hun gikk mot døra, så hun en gul bil stanse utenfor kafeen. Hun løp tilbake og spurte damen ved kassa om det ikke var en annen vei ut fra kafeen enn hoveddøra. Damen så overrasket opp på henne og pekte på en liten dør til venstre for kassa:

Damen: Du kan gå gjennom kjøkkenet og ut bakdøra, men vær forsiktig, for trappa er smal, og ...

Før hun fikk snakket ferdig, var Annie forsvunnet ut gjennom kjøkken-
døra.

Etterpå drog hun så fort hun kunne til vandrerhjemmet, og det var
heldigvis et rom ledig der selv om det var seint på ettermiddagen. Hun lå
en lang stund på senga og stirret opp i taket. En ting var hun i alle fall
sikker på nå: Hun ville ikke ha noe med Sven Bøye å gjøre lenger. Denne
leken var blitt litt for farlig, og hun ville ikke være med på hva som helst
bare for å tjene noen kroner.

Litt før halv åtte gikk hun ned i tv-stua og slo på tv-apparatet for å høre
om det skulle være noe nytt om gutten på Dagsrevyen. Hun hørte
utålmodig på de andre nyhetene, og endelig kom det hun ventet på:

«Oslo Politikammer melder at den unge studenten, Jan-Erik Kristiansen,
som ble funnet død i Sognsvann i går, ikke døde ved drukning, men etter
flere harde slag mot bakhodet. Man tror at han først ble slått ned
hjemme på hybelen sin og deretter transportert til Sognsvann og kastet i
vannet. Man har ikke funnet noe som tyder på at studenten har hatt
kontakt med narkotikamiljøet i Oslo. Politiet har svært få spor å gå etter i
denne saken, og det eneste man har funnet av interesse på guttens hybel,
er en stor konvolutt med fire filmer i. Utenpå konvolutten stod det:
«Annies filmer – toget til Voss – Kristi himmelfartsdag». Konvolutten var
åpnet og filmene var dessverre ødelagte, men politiet mener at det er
svært viktig å få vite hvem Annie er, og hvorfor studenten hadde filmene
hennes på hybelen sin. Man ber derfor om at alle som kan gi opp-
lysninger om studenten eller om Annie og filmene, må melde seg til
nærmeste politikammer.»

ORDLISTE

Substantiver	m/f		
m	en/ei kasse	et miljø	reise seg
en tvil	en/ei bakdør	et spor	løpe
en ting	en/ei kjøkkendør		overraske
en lek/leik	en/ei drukning	**Adjektiv**	forsvinne
en nyhet		sikker	dra
en hybel	**n**	utålmodig	slå
en konvolutt	et kjøkken	hard	melde
en opplysning	et vandrerhjem	ødelagt	melde seg
	et tv-apparat	nærmest	transportere
	et slag	flere	kaste
	et bakhode		tyde på
		Verb	mene
		stirre	be
		legge	

Adverb	Preposisjoner	Uttrykk	være med på noe
lenger	utenpå	være sikker på noe	(noe) av interesse
endelig		ha med noen	legge sammen
derfor	**Ubestemt**	å gjøre	slå på
	pronomen		slå ned
Subjunksjoner	man		hva som helst
selv om	en		
enn			

GRAMMATIKK

1 Ubestemte pronomen *man/en*

man bare som subjekt
    Man mener at ...

en som subjekt
    En mener at ...

    som direkte objekt
    Det gjør en redd.

    som indirekte objekt
    Avisen gir en nyheter.

ens genitiv
    Ens egne aviser.

2 Passiv

Bruk av passiv for å sløyfe en generell eller ukjent agens

Studenten *ble* funnet død i Sognsvann.
Han *ble* slått ned på hybelen.
Han *vil bli* transportert til sykehuset.
Han *er blitt* kastet i vannet.
Det *var blitt* funnet fire filmer.

3 Nye sterke verb

be	bad	bedt
dra	drog	dradd/dratt
forsvinne	forsvant	forsvunnet
løpe	løp	løpt

4 Sammenliknende subjunksjoner

som – identitet
– Den samme veien *som* vi kjørte i går.
enn – ulikhet
 – En annen vei *enn* vi kjørte i går.

5 Subjunksjonen *som* er bare obligatorisk når den er subjektet i ledd-setningen:

obligatorisk – subjekt
Jeg ser en gutt *som* leser.

ikke obligatorisk – direkte objekt
Der er gutten (som) jeg så i går.

ikke obligatorisk – indirekte objekt
Der er gutten (som) jeg gav boka til i går.

6 Preposisjon til slutt i *som*-setninger:

Der er gutten *som* jeg snakket *om*.
Der er gutten *som* hun snakket *med*.
Der er gutten *som* han skriver *til*.
Der er gutten *som* vi reiste *med*.

7 Subjunksjonen *at* er ofte utelatt

Politiet mener (at) det er svært viktig å få vite det.
Han sier (at) hun ikke må bo på hotellet.

8 Leddstilling ved partikkel

Substantiv som objekt
     Hun la sammen *avisen*.
eller: Hun la *avisen* sammen.

Pronomen som objekt
     Hun la *den* sammen.

a Hulltekst

B: ...... kommer Sven Bøye?

A: Han kommer ...... et kvarter.

B: Hva er ....?

A: Den er .... fire.

B: Skal .... vente på ......?

A: Nei, det har jeg .... til.

B: Nå er det .... Det ......

.... stanset en gul ...... utenfor. Du

.... en .... vei enn

hoveddøra .... vil treffe

ham.

A: Finnes det .... utgang, da?

B: Ja, ... Hvis du går ut

.... den .... døra til venstre

...... kassa, kommer du ...... kjøkkenet.

Deretter .... gå ut bakdøra, men

du må være .... fordi ....

mørkt der, og trappa er ....

A: Nå løper jeg før .... meg.

B: Hvis du .... fort nok, klarer ......

...... å .... deg.

A: Jeg .... at det er et ledig ...... på

vandrerhjemmet. Han ...... ikke ......

...... kommer til å .... der.

B: Hvorfor . ... gi ham

bildene?

A: Fordi det er for .... å .... for

ham. Jeg vil ikke .... hva ......

.... bare for å tjene litt penger.

B: Når kommer Sven Bøye?

A: Han kommer om et kvarter.

B: Hva er klokka nå?

A: Den er akkurat fire.

B: Skal du ikke vente på ham?

A: Nei, det har jeg ikke lyst til.

B: Nå er det for seint. Det har

nettopp stanset en gul bil utenfor. Du

må gå ut en annen vei enn

hoveddøra hvis du ikke vil treffe

ham.

A: Finnes det noen annen utgang, da?

B: Ja, kjøkkendøra. Hvis du går ut

gjennom den lille døra til venstre

for kassa, kommer du til kjøkkenet.

Deretter kan du gå ut bakdøra, men

du må være forsiktig fordi det er

mørkt der, og trappa er smal.

A: Nå løper jeg før han ser meg.

B: Hvis du løper fort nok, klarer han

ikke å følge etter deg.

A: Jeg håper at det er et ledig rom på

vandrerhjemmet. Han vet ikke at

jeg kommer til å overnatte der.

B: Hvorfor vil du ikke gi ham

bildene?

A: Fordi det er for farlig å arbeide for

ham. Jeg vil ikke gjøre hva som

helst bare for å tjene litt penger.

A: Kan jeg .... tv-en?

B: Ja, ... bare ...... det.
Hvorfor er du så i
Dagsrevyen?

A: Det er kanskje .... om den
.... studenten.

B: Ja, hør! Nå snakker .... Han
ble .... ned på hybelen ...... på
Kringsjå.

A: Jeg trodde at .... død ved
drukning.

B: Nei, ... ble han slått ...... , og
.... kjørt til
Sognsvann og kastet ut i ....

A: Kanskje .... hatt noe å ....
med narkotikamiljøet i Oslo?

B: Nei, det er det .... tyder på.

A: Har politiet .... ?

B: Nei, de har .... ingenting.
Det .... er en stor .... med
fire filmer i.

A: Men det er jo .... !
Så .... ham som ...... dem
like vel. Det hadde ...... ikke trodd.

B: Vet du .... han tok ...... ?

A: Nei, det ...... jeg ikke. Kanskje han
.... at det var noe .... på dem.

A: Kan jeg slå på tv-en?

B: Ja, vær så god, bare gjør det.
Hvorfor er du så interessert i
Dagsrevyen?

A: Det er kanskje noe nytt om den
døde studenten.

B: Ja hør! Nå snakker de om ham. Han
ble slått ned på hybelen sin på
Kringsjå.

A: Jeg trodde at han var død ved
drukning.

B: Nei, først ble han slått ned, og
deretter ble han kjørt til
Sognsvann og kastet ut i vannet.

A: Kanskje han har hatt noe å gjøre
med narkotikamiljøet i Oslo?

B: Nei, det er det ikke noe som tyder på.

A: Har politiet noen spor?

B: Nei, de har nesten ingenting.
Det eneste er en stor konvolutt med
fire filmer i.

A: Men det er jo *mine* filmer!
Så det var ham som tok dem
likevel. Det hadde jeg ikke trodd.

B: Vet du hvorfor han tok dem?

A: Nei, det gjør jeg ikke. Kanskje han
trodde at det var noe viktig på dem.

---

b Skriv inn *som* eller *enn*:

Det er den samme gutten ...... vi leste om i avisen. Det er en annen utgang ...... bakdøra.

Det er en annen opplysning ...... den vi fikk i går. Det er det samme miljøet ...... gutten

kjente. Det er noen andre filmer ...... de som lå i veska.

c Er *som* obligatorisk?
Sett «som» i parentes der det ikke er obligatorisk:

Jeg har en konvolutt som er åpnet. Det er læreren som jeg snakket om. Det er et miljø som jeg kjenner godt. Vi har ingen spor som er gode. Det er de harde slagene som han døde av. Dette er opplysningene som politiet gav oss.

---

d Plasser partikkelen på riktig plass i setningen
Eks.

Spionen slo ham.	*ned*
Spionen slo ham ned.	

Barnet slo tv-apparatet.	*på*
Broren slo det.	*på*
Han løftet det.	*av*
Studenten la dem på toget.	*igjen*
De lukket døra for henne.	*opp*
Han tok dem fra ryggsekken.	*fram*

---

e Skriv inn *for* eller *fordi*, og sett inn komma der det er nødvendig

Hun drog hjem ...... hun ikke ville være der lenger. Han spiste lite ...... maten var ikke god. Hun slo på tv-en ...... hun gjerne ville høre om det var noe nytt. Hun gikk ut bak-døra ...... hun ikke ville treffe Sven Bøye. Hun tok båt til Bodø ...... hun ville gjerne reise langs kysten. Hun ringte til Kari ...... hun hadde sikkert hørt om mordet. Hun kunne få komme på hytta deres ...... det var heldigvis god plass der.

---

f Skriv inn *finne/finnes/synes/mene/tro*

Jeg .... at stua var pen. Politiet .... et spor. Det .... ikke isbjørner i Sør-Norge. Hun .... at det lå en hundre-kroneseddel i kassa. Politiet ....

studenten var hjemme. De .... at det dreide seg om mord. Han .... at filmene var ødelagte. Hun .... at det skjedde kl 18. De .... at hytta var kjempefin.

---

g Skriv om til preteritum

Mannen .... (forsvinne) ut gjennom kjøkkendøra. Han .... (dra) en gul konvolutt opp av lomma. Han ...... (be) henne om opplysninger. Politiet .... (finne) et spor. Han ...... (slå) på tv-apparatet. Hun .... (hjelpe) ham med å lage mat på kjøkkenet. Det .... (skje) en onsdag kveld. Mannen ...... (gi) ham et slag i bakhodet. De ...... (bære) ham ut i bilen. Tv-apparatet ...... (stå) ved vinduet i stuen. Gutten ...... (løpe) over veien.

---

h Sett i passiv
De fant ham på hytta. De slo henne ned på toget. De transporterte ham til sykehuset. Han leser boka si. Hun gav filmene sine til politiet. Hun kjørte barna sine til skolen. Han og foreldrene hans kjøpte en hytte.

---

i Er *om* subjunksjon eller preposisjon?
Han leste en reportasje *om* samene. Hun spurte *om* han hadde lest romanen. Jeg kommer *om* et par dager. Det er mørkt på Svalbard *om* vinteren. *Om* 14 dager begynner skolen. Vil du vite litt mer *om* kullgruvene? Jeg liker å sove lenge *om* morgenen selv *om* det er lyst utenfor. Jeg har fått en bok til minne *om* Svalbard-oppholdet. *Om* en liten stund vil jeg legge meg. Hun spurte *om* hun skulle hjelpe meg. Jeg visste ikke *om* han var hjemme.

j Argumentasjon

Skal Annie melde seg til politiet?
Gå i grupper, og skriv ned argumenter for
og mot etter følgende mønster:
Annie melder seg til politiet fordi ......
Annie melder seg ikke til politiet fordi ...

k Gå sammen i grupper. Slå opp på bildet
side 48. Alle får studere bildet i ett minutt,
og deretter skal dere lukke boka. Hver
gruppe samarbeider om å notere ned
navnet på så mange av gjenstandene som
mulig. Hvilken gruppe husket flest ting?

l En student (A) får se på bildet mens alle
de andre har boka lukket. De har et blankt
ark foran seg. A beskriver gjenstandene på
bildet og forklarer, med lærerens hjelp,
hvor de ligger i forhold til hverandre på
bordet. De andre skal prøve å tegne eller
markere gjenstandene på bildet og plassere
dem på riktig plass på bordet. De kan også
stille spørsmål til A. Hvilken tegning likner
mest på bildet i boka?

m Finn hjemmesidene til NRK og TV2.
Hva er på tv-menyen i dag? Velg tre
programmer du vil se. Sammenlikn valget
med en annen i klassen. Forklar hvorfor du
har valgt akkurat de programmene.

En urolig natt

Midt på natta banket det på døra, og Annie var plutselig lys våken.

Annie: Hvem er det?

Nattevakt: Det er nattevakten. Unnskyld at jeg vekker deg, men det er en mann fra politiet som vil snakke med deg på telefonen. Han sier det er veldig viktig. Kan du komme ned i resepsjonen med det samme?

Annie tok på seg tøfler og morgenkåpe og gikk ned trappa til resepsjonen. Hun tok telefonen.

Annie: Hallo?

Bøye: Det er Sven Bøye her. Så du bor på vandrerhjemmet nå! Var ikke hotellrommet som jeg hadde bestilt, godt nok?

Annie: Jo, det var det sikkert, men jeg syntes det var for dyrt.

Bøye: Trodde du virkelig at jeg ikke skulle finne deg på et så lite sted som Alta? Hvorfor kom du ikke til kafeen klokka halv fem i går ettermiddag? Jeg ventet på deg i over tre kvarter.

Annie: Jeg fikk så vondt i hodet at jeg måtte gå hjem og legge meg.

Bøye: Du har vel lest Dagbladet og sett på Dagsrevyen i kveld, tenker jeg. Var det det du fikk vondt i hodet av?

Annie: Nei, ikke akkurat det. Men jeg forstår ikke hvorfor den unge gutten ble slått ned og hvordan han fikk tak i filmene mine. Burde jeg ikke gå til politiet her i Alta i morgen og fortelle det jeg vet om ham?

Bøye: Hør her, Annie, nå må du for all del ikke gjøre noe som kan ødelegge saken vår. Du har begynt på denne jobben, og du er nødt til å gjøre den ferdig. Hvis du går til politiet nå, er alt ødelagt, og ikke bare det – det kan bli virkelig farlig for deg. Er det klart? Hvis du ser ut vinduet, ser du en mørkegrønn bil som står like ved inngangen. Vi holder øye med deg hele tida, Annie, og akkurat nå i dette øyeblikk er en av mine menn oppe på rommet ditt. Han skal legge igjen en liten overraskelse til deg.
Gå nå rolig opp og legg deg til å sove, og i morgen tidlig drar du til Kautokeino! Prøv bare ikke å gjøre noe annet! For da skal du få merke at dette er alvor.

Før Annie fikk tid til å svare, hørte hun et klikk. Sven Bøye hadde lagt på røret.

Da hun kom opp på rommet igjen, så hun at alle bildene som hun skulle ha gitt til Sven Bøye, var borte. På bordet lå det i stedet en tykk konvolutt med hundrekronesedler og et hefte med amerikanske reisesjekker. Var det betalingen for bildene eller for at hun fortsatt skulle være Liv Pettersen?

Hun tok pengene og gikk lydløst inn på rommet til nattevakten. Der fant hun en stor, slitt lærjakke, en olabukse, noen høye støvler og en gammel bag.

Hun la igjen noen penger på nattbordet og snek seg forsiktig tilbake til sitt eget rom. Så tok hun på seg klærne og støvlene, la tingene sine i bagen og rullet et ullteppe sammen under dyna i senga slik at det skulle se ut som om det lå noen i den.

Etterpå drog hun en lue godt nedover ørene, brettet opp kragen på lærjakka og gikk ut i bakgården, der nattevaktens sykkel stod. Det var heldigvis ingen å se da hun trillet sykkelen ned mot hovedveien som gikk langs stranden ut mot flyplassen.

Det var ikke så lett å sykle som Annie hadde trodd. Hun var ikke vant til sykkel med stang, og føttene hennes svømte i de store støvlene. Lufta var kald, og da hun nådde fram til flyplassen, var hendene iskalde og knærne helt stive.

Substantiv

m
en tøffel
en reisesjekk
en støvel
en bag
en krage
en bakgård
en sykkel
en hovedvei
en flyplass
en fot

m/f
ei/en nattevakt
ei/en betaling
ei/en lærjakke
ei/en bukse
ei/en olabukse
ei/en strand
ei/en stang
ei/en hånd/hand

n
et alvor
et klikk
et hefte
et nattbord
et ullteppe
et øre
et kne
et øye

flt.
klær

Adjektiv
urolig
våken
tykk/tjukk
amerikansk
slitt
lett
iskald
stiv
lydløs

Verb
vekke
bestille
burde
ødelegge
snike seg
rulle
brette
trille
sykle
svømme
nå

Adverb
midt
fortsatt

Subjunksjon
slik at

Preposisjon
mot

Uttrykk
godt nok
hør her
for all del
være nødt til
holde øye med
legge seg til å sove
legge på røret
se ut som om
være vant til
nå fram til
rulle sammen
brette opp

1 Uregelmessig substantivbøyning
(se liste s.165–166)

ei/en natt	natten/-a	netter	nettene
en mann	mannen	menn	mennene
ei/en strand	stranden/-a	strender	strendene
ei/en stang	stangen/-a	stenger	stengene
en fot	foten	føtter	føttene
ei/en hånd	hånden/-a	hender	hendene
ei/en hand	handa/- en	hender	hendene
en tøffel	tøffelen	tøfler	tøflene
en seddel	seddelen	sedler	sedlene
en støvel	støvelen	støvler	støvlene
en sykkel	sykkelen	sykler	syklene
et øye	øyet	øyne	øynene
et kne	kneet	knær	knærne
		klær	klærne

2 Sammensatte fargeadjektiv

mørkegrønn
lysegul
blågrå   Det *siste* leddet er hovedfargen
rødbrun
gulhvit

3 Nye sterke verb

snike	sniker	snek	sneket
ødelegge	ødelegger	ødela	ødelagt

4 Adverbene *tilbake/igjen/videre*

tilbake
Han fikk pengene tilbake.
Hun løp tilbake.

igjen
Han ringte igjen.
Hun våknet igjen etter to timer.

videre
Hun leste videre i boka.
Etter en liten stund gikk hun videre.

a Hulltekst

...... natta banket det ...... døra. Det var .... som sa ...... det var telefon til Annie. Han spurte ...... hun kunne komme .... resepsjonen. En mann ...... politiet ville snakke ...... henne.

Sven Bøye hadde .... et hotellrom ...... henne, men hun .... bo der. Sven Bøye spurte hvorfor .... var kommet ...... kafeen klokka 16.30. Han hadde .... på henne ...... tre kvarter. Annie sa ...... hun hadde fått ...., men det .... sant. Hun hadde lyst ...... å gå til politiet ...... Alta, men det ville ikke Sven Bøye .... skulle gjøre. Han sa at ...... ville være .... hvis hun gjorde det.

.... vinduet så hun en mørke-grønn .... Den ...... like ...... inngangen ...... vandrerhjemmet.

.... Annie snakket i telefonen, ... en mann oppe på rommet .... Han ...... igjen noe til .... på nattbordet.

Annie la på .... og gikk opp på rommet .... Der .... en tykk konvolutt med .... og et .... med amerikanske ....

Så ...... hun inn ...... rommet til nattevakten. Der .... en lærjakke, et par ...., noen høye .... og en

Om natta banket det på døra. Det var nattevakten som sa at det var telefon til Annie. Han spurte om hun kunne komme ned i resepsjonen. En mann fra politiet ville snakke med henne.

Sven Bøye hadde bestilt et hotellrom til henne, men hun ville ikke bo der. Sven Bøye spurte hvorfor hun ikke var kommet til kafeen klokka 16.30. Han hadde ventet på henne i tre kvarter. Annie sa at hun hadde fått vondt i hodet, men det var ikke sant. Hun hadde lyst til å gå til politiet i Alta, men det ville ikke Sven Bøye at hun skulle gjøre. Han sa at alt ville være ødelagt hvis hun gjorde det.

Gjennom vinduet så hun en mørke-grønn bil. Den stod like ved inngangen til vandrerhjemmet.

Mens Annie snakket i telefonen, var det en mann oppe på rommet hennes. Han la igjen noe til henne på nattbordet.

Annie la på røret og gikk opp på rommet sitt. Der fant hun en tykk konvolutt med hundrekronesedler og et hefte med amerikanske reisesjekker.

Så gikk hun inn på rommet til nattevakten. Der fant hun en lærjakke, et par bukser, noen høye støvler og en

gammel bag. Hun la igjen ....
på nattbordet og .... tilbake til
...... eget rom.

Deretter .... på seg .... og
støvlene og rullet et .... sammen
.... dyna.

Så .... nattevaktens sykkel og
...... ned ...... hovedveien som ......
.... stranden ...... flyplassen.

gammel bag. Hun la igjen noen penger
på nattbordet og snek seg tilbake til
sitt eget rom.

Deretter tok hun på seg klærne og
støvlene og rullet et ullteppe sammen
under dyna.

Så tok hun nattevaktens sykkel og drog
ned mot hovedveien som gikk langs stran-
den mot flyplassen.

---

b Fyll ut med preposisjon

Vil du vekke meg ...... sju-tida?

Jeg har lyst ...... å sykle ...... stranden.

Vi får ikke lov ...... å svømme langt ut.

Har du fått tak ...... den olabuksa
som vi så ...... butikken ...... nærheten
...... postkontoret?

Liker du å sove lenge ...... morgenen?

Ja, ... alle fall ...... søndagen.

Jeg tok feil ...... tøflene.

Flyet går ...... tre kvarter.

Hun svømte ...... en halv time.

De så en isbjørn ...... første gang.

...... overmorgen drar vi ...... byen.

c Fyll ut med *igjen/tilbake/videre*

Han kommer ...... om en uke.

Hun kjørte ...... kl. fire.

Han leste ...... i brevet.

Hun sendte pakken ....

De fikk ...... bilen etter en uke.

Han skulle ringe ...... om en time.

Fant du ...... sjekkheftet?

Hun svømte ....

De drog ...... til Tromsø.

Hun trillet sykkelen ....

Han våknet ...... klokka fem.

Flyet gikk ...... etter et kvarter.

De så filmen ...... etter en uke.

Han gav billettene ....

d Skriv om til ubestemt form

Eks. det urolige barnet – *et urolig barn*

den våkne nattevakten
det slitte ullteppet
den lette sykkelen
det grå heftet
de gamle klærne
det lille øret
det blå nattbordet
de hyggelige lærerne
de harde slagene

e Skriv om til entall

Eks. de farlige stedene – *det farlige stedet*

de iskalde vintrene
de tykke ullteppene
de blå øynene
varme hender
små føtter
høye trær
gode eksempler
lange strender
stive knær
urolige netter

f Skriv om til flertall

Eks. et vakkert sted – *vakre steder*
et gult kjøkken
et viktig spor
en blå tøffel
en høy støvel
et nytt medlem
en alvorlig feil
et fransk navn
et galt menneske
et tykt hefte
et slitt skilt
et ukjent ord
et farlig miljø
et vakkert sted

g Klær og moter

Få tak i et motemagasin og sett navn på forskjellige klesplagg. Gå deretter i grupper og beskriv for hverandre hva den enkelte i gruppa har på seg, eller hva modellen har på seg.

h E-post

På hotellet var det en PC med Internett-tilkobling. Annie får ikke sove og bruker tida til å skrive en e-post til Kari om hva som hadde skjedd i løpet av natta. Hva skriver Annie? Bruk adverbene *etterpå* og *deretter* for å binde sammen teksten.

i Se fotografiet på side 48. Tegn et kalenderblad for en uke og skriv inn fotografens avtaler og arbeidsoppgaver for denne uka. Arbeid i grupper og forklar ved hjelp av bildet hvorfor fotografens arbeidsuke blir akkurat slik.

j Velg *en* av gjenstandene på bordet på bildet. Lag en kort tekst hvor du forklarer hvor gjenstanden kommer fra eller er kjøpt, hvorfor den ligger på bordet akkurat nå, og hva fotografen skal bruke den til. Arbeid sammen to og to.

k Finn hjemmesiden til <u>Nationaltheatret</u> i Oslo. Skriv ned programmet denne sesongen. Er det noen norske stykker på plakaten?

På vei sørover igjen

Flyet fra Alta skulle gå klokka fem over halv åtte. Den lille Dash-maskinen med bare 37 plasser stod klar da Annie kom ut til flyplassen. Det var det minste flyet hun noen gang hadde reist med, og landings-hjulene var ikke større en hjulene på bagasjevogna, syntes hun.

Hun ventet utenfor til de fleste passasjerene hadde sjekket inn bagasjen. Så gikk hun inn i avgangshallen og kjøpte billett. Hun burde ha sjekket inn den store bagen, men hun torde ikke slippe den av syne, og heldigvis fikk hun ta den med seg inn i kabinen.

Fint flyvær! Wideröemaskin i Stokmarknes

Inne i kabinen var det mye trangere enn i SAS-flyet hun hadde tatt til Svalbard, og hun satte seg helt bakerst. Bagen fikk hun så vidt plass til under setet. Ingen av de andre passasjerene så på henne da hun satte seg, og ute på flyplassen var alt normalt. Ingen gul bil å se noe sted og ingen mistenkelige personer. Annie pustet lettet ut. «Dette skal nok gå bra hvis jeg bare kommer meg usett til Trondheim», tenkte hun. «Jeg må få tak i Pål, det er det viktigste av alt».

Flyet tok raskt av fra bakken og svingte ut over Altafjorden, før det la kursen mot Tromsø via Hammerfest og Sørkjosen. Klokka halv ni landet flyet i Tromsø, og etter et kort opphold gikk det videre til Andenes og Bodø.

I en telefonboks i Bodø slo Annie nummeret til Pål – 72 47 37 92:

Pål: Hallo?

Annie: Hei Pål, det er Annie. Unnskyld at jeg forstyrrer deg midt i eksamenslesingen, men de siste dagene i Nord-Norge har vært de verste jeg noen gang har opplevd.

Pål: Jeg trodde Nord-Norge måtte være en herlig opplevelse for en fransk turist med sans for landskaper.

Annie: Du snakker om turist! Jeg har nettopp flyktet fra den mystiske mannen i klærne til nattevakten på vandrerhjemmet i Alta. Han – den mystiske mannen altså – vil tvinge meg til å arbeide for seg, og nå har jeg verken passet eller fotoutstyret mitt. Jeg tør ikke gå til politiet, heller.

Pål: Nei, dette forstår jeg ikke det minste av, Annie. Det er best du tar første fly til Trondheim, og så kan vi snakke nærmere om alt sammen seinere. Vil du at jeg skal komme og hente deg?

Annie: Nei, takk, det er bedre du ikke kommer på flyplassen. Jeg skal nok finne fram til hybelen din.

Pål: Da venter jeg deg her i løpet av kvelden. Det skal bli fint å se deg igjen, Annie.

Annie: Det er ikke sikkert du vil kjenne meg igjen. I disse klærne ser jeg ut som en forbryter, og det er faktisk akkurat sånn jeg føler meg også.

ORDLISTE

Substantiv	m/f	best (sup.)	svinge
m	en/ei bagasjevogn	bakerst (sup.)	lande
en maskin	en/ei eksamens-	trang	forstyrre
en passasjer	lesing	normal	oppleve
en avgangshall		mistenkelig	flykte
en avgang	**n**	lettet	tvinge
en hall	et hjul	kort	hente
en bag	et landingshjul	herlig	finne
en kabin	et sete	full	kjenne
en bakke	et landskap		
en kurs	et utstyr	**Verb**	**Adverb**
en opplevelse		sjekke	usett
en turist	**Adjektiv**	tore	altså
en sans	verste (superlativ)	slippe	faktisk
	minste (sup.)	puste	(ikke) heller
	større (sup.)	ta av	

Preposisjon	Uttrykk		
under	av syne	du snakker om!	kjenne igjen
	legge kursen mot	(ikke) det minste	sjekke inn
	ha sans for	finne fram	flykte fra
		i løpet av	alt sammen

GRAMMATIKK

1 Modalverb

skulle	skal	skulle	skullet
ville	vil	ville	villet
måtte	må	måtte	måttet
tore	tør	torde	tort
kunne	kan	kunne	kunnet
burde	bør	burde	burdet

2 Andre demonstrativ

slik	slikt	slike
sånn	sånt	sånne

3 Komparasjon

Regelmessig komparasjon:

flott   flottere   flottest/den flotteste

Komparativ er ubøyd. Superlativ har to former: ubestemt og bestemt form.

Uregelmessig komparasjon:

dårlig	verre	verst
få	færre	færrest
god	bedre	best
liten	mindre	minst
mange	flere	flest
mye	mer	mest
nær	nærmere	nærmest
stor	større	størst

bakerst tilsvarer *bak* (prep./adv.)

4 Subjunksjonene *enn/som*:

som – identitet – positiv
Han er like *stor som* jeg er.

enn – ulikhet – komparativ
Han er *større enn* jeg er.

OPPGAVER

a Hulltekst

B: Hva .... fly ...... du fra Alta?

B: Hva slags fly tok du fra Alta?

A: Det var et ...... fly med bare 37 plasser.

A: Det var et lite fly med bare 37 plasser.

B: Men flyet du tok ...... Svalbard,
   var .... , var det ikke?

B: Men flyet du tok til Svalbard,
   var større, var det ikke?

A: Jo, det var ....

A: Jo, det var mye større.

B: Hva .... du med bagasjen?

B: Hva gjorde du med bagasjen?

A: Jeg tok bagen .... i kabinen.

A: Jeg tok bagen med meg inn i kabinen.

B: Ville du ikke .... den inn?

B: Ville du ikke sjekke den inn?

A: Nei, det hadde jeg ikke .... til.

A: Nei, det hadde jeg ikke lyst til.

B: Men var det ikke .... inne i flyet, da?

B: Men var det ikke trangt inne i flyet, da?

A: Jo, det var .... det var plass til
   bagen ....

A: Jo, det var så vidt det var plass til
   bagen under setet.

B: Var det ingen som .... på deg?

A: Nei, det .... de heldigvis ikke.

De må være .... til å se ....

i alle .... klær.

B: Gikk flyet .... til Bodø?

A: Nei, det .... både i Tromsø og

Andenes ...... det kom til Bodø.

B: Var ikke Pål .... da du ringte?

A: Jo, ... Han .... ikke

at jeg skulle .... da. Han ....

til eksamen og .... bare ...... det,

så .... ingenting da jeg

forklarte ...... hva ...... var hendt.

B: Kom han og .... deg på flyplassen?

A: Nei, jeg .... at det var .... at

han .... , så jeg ....

direkte ...... flyplassen ...... hybelen

....

B: Var det ingen som stirret på deg?

A: Nei, det gjorde de heldigvis ikke.

De må være vant til å se mennesker

i alle slags klær.

B: Gikk flyet direkte til Bodø?

A: Nei, det landet både i Tromsø og

Andenes før det kom til Bodø.

B: Var ikke Pål overrasket da du ringte?

A: Jo, helt sikkert. Han ventet ikke

at jeg skulle ringe da. Han leste

til eksamen og tenkte bare på det,

så han forstod ingenting da jeg

forklarte ham hva som var hendt.

B: Kom han og hentet deg på flyplassen?

A: Nei, jeg syntes at det var best at

han ikke kom, så jeg drog

direkte fra flyplassen til hybelen

hans.

---

b Sett modalverbet i preteritum
Annie må snike seg ut gjennom døra.
Hun tør ikke gå til politiet.
Hun kan betale med reisesjekker.
Han vil tvinge henne til å ødelegge bildene.
Pål bør finne fram til hytta.

---

c Til diskusjon
Hva er betydningsforskjellen mellom de ulike setningene?

Nord-Norge må være en herlig opplevelse!
Nord-Norge kan være en herlig opplevelse!

Jeg tør ikke gå til politiet.
Jeg bør ikke gå til politiet.

Jeg må få tak i hjelp.
Jeg skal få tak i hjelp.

Hun bør sjekke inn om en time.
Hun må sjekke inn om en time.

d Fyll ut med komparasjon av _stor/liten_

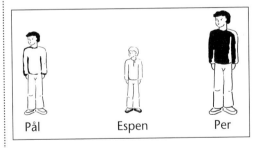

Pål   Espen   Per

Per er .... enn Pål.

Espen er .... enn Per.

Per er den ....

Espen er ....

Pål er .... enn Per, men .... enn

Espen.

e Fyll ut med komparativ

Eks. *Hvilken hall er størst?*

Hvilket landskap er penest?

Hvilken bok er best?

Hvilken opplevelse er verst?

Hvilket hjul er minst?

Hvilken bukse er trangest?

Hvilken maskin er flottest?

Hvilken utgang er nærmest?

Hvilket utstyr er det mest av?

Hvilke sjekker er det flest av?

Hvilke konvolutter er det flest av?

Hvilken telefonboks er nærmest?

Hvilket narkotikum er det mest av?

Hvilke hefter er det flest av?

Hva slags te er det mest av?

Eks. *Denne hallen er større enn den andre.*

Dette .... er .... enn det andre.

Denne .... er .... enn de andre.

Denne .... er .... enn de andre.

Dette .... er .... enn de andre.

Denne .... er .... enn den andre.

Denne .... er .... enn den andre.

Denne .... er .... enn den der borte.

Det er .... av dette .... enn av det der borte.

Det er .... av disse .... enn av de andre.

Det er .... av disse .... enn av de andre.

Denne .... er .... enn den der borte.

Det er .... av dette .... enn av det andre.

Det er .... av disse .... enn av de der borte.

Det er .... av denne .... enn av den der borte.

---

f Skriv om med preteritum/perfektum partisipp

be	En dag ...... Tor meg om hjelp.
ha	Han .... liten tid.
dra	Han .... til byen, og jeg
følge	.... etter i en gammel lastebil.
forfølge	Det var ingen som .... oss.
forsvinne	Kl. 11 .... han inn i en butikk,
bli	og jeg ...... stående utenfor og

forstå	vente. Jeg .... at han var
bære	utålmodig. Han ...... mye tungt utstyr som en av de ansatte
ha	....
gi	.... ham.
burde	Jeg .... ha hjulpet ham med det,
få	men jeg hadde .... så vondt i
brekke	armen. Jeg hadde .... den for

være	et år siden. Det ...... et farlig
dø	uhell, men jeg .... ikke av
	det.
burde	Jeg .... ta noe smerte-
	stillende,
finnes	men det .... ikke noe i
	bilen.
gå	Så .... jeg til en kafé i
bestille	nærheten og .... en stor
	flaske
drikke	mineralvann som jeg ....
	med
gjøre	det samme. Det .... ikke så
	vondt i armen mer.
komme	Da jeg ......
finne	tilbake til butikken, ...
	jeg verken Tor eller lastebilen,
forsvinne	og alt utstyret var ....

g Sett inn *enn* eller *som*:

Mitt hefte er tykkere ...... ditt.

Ditt utstyr er like fint ...... mitt.

Hans historie er like god ...... hennes.

Vårt hus er større ...... deres.

Min kurs er bedre ...... hans.

Deres seter er hardere ...... våre.

Mine støvler er like høye ...... dine.

Min lærjakke er like slitt ...... din.

h Avslør løgnhalsen!
Én går ut mens de andre velger hvem som skal være løgnhals («den som ikke snakker sant»). Den som har vært ute, stiller ja/nei-spørsmål til de andre for å finne løgnhalsen. Det er bare løgnhalsen som skal lyve. (Kan også brukes med klassen delt i to lag.)

i Skaff rutetabellene for Widerøes flyveselskap (gjerne på nettet) og finn fram et kart over Nord-Norge. Velg en reiserute i Nord-Norge og forbered deg til å ringe et reisebyrå for å få opplysninger om turen. Lag notater til hva du skal spørre om. Gå så sammen i større grupper, og bli enige om hvem som skal være reise-konsulenten. De andre i gruppa «ringer» reisebyrået etter tur og ber om informasjon.

j Det er en kald vinterdag med klarvær og blå himmel når Widerøe-flyet skal gå fra Sørkjosen (se bilde s. 106). Studer passasjerene som er på vei bort mot flyet. Mannen til høyre med den hvite posen og kvinnen som går et stykke foran ham, kommer til å sitte ved siden av hverandre i flyet. De kjenner hverandre ikke fra før, og de kommer i snakk med hverandre i løpet av turen. Klassen deles i to grupper. Hver gruppe lager en detaljert liste med informasjon om den ene av de to passasjerene, og det er viktig at dere ikke hører hva som blir sagt i den andre gruppa. Velg en student i hver gruppe som skal spille passasjer. Bruk notatene som dere har laget og improviser samtalen mellom de to på flyet. De andre i gruppa hjelper «skuespilleren».

k Hva slags populærmusikk lytter nordmenn til? Finn norske hitlister og spill norsk musikk i klassen.

På Trondheim politikammer

Pål og Annie går sammen opp trappa og inn døra til Trondheim politikammer. I vaktluka sitter det en yngre politimann i lyseblå skjorte og løser kryssord. Annie går bort til luka, og sier:

Annie: Mitt navn er Annie Clavel.

Han tygger på blyanten og sier:

Politimannen: Mmmm, hva gjelder det?
Annie: Jeg har opplysninger om studenten som ble funnet død i nærheten av Oslo. I Dagsrevyen på lørdag bad de om at alle som kunne gi opplysninger om studenten, skulle melde seg til politiet.
Politimannen: Ja så? Hmmm, nå skal vi se ... Du kan snakke med politifullmektig Kjell Strand, det er han som har saken. Han har kontor nr. 314 i tredje etasje, fjerde dør på venstre hånd helt nederst i korridoren.

De tar heisen opp i tredje etasje, banker på døra og går inn på kontoret. Kjell Strand sitter bak et stort skrivebord fylt med hauger av dokumenter. Han har briller og bart og ser ikke helt usympatisk ut. Annie begynner å fortelle.

Politifolk i arbeid

Annie: Jeg satt ved siden av Jan-Erik Kristiansen på dagtoget til Voss Kristi himmelfartsdag. Vi snakket om bøker, og han sa at det var kriminalromaner han likte aller best. Han virket litt merkelig.

Kjell Strand leter etter rapporten fra mordkommisjonen.

Strand: Hvordan merkelig?

Han finner rapporten underst i den høyeste dokumenthaugen.

Annie: Han ville absolutt vite hva jeg leste, og så spurte han hvilken dag det var.

Kjell Strand rynker øyenbrynene.

Strand: Var det så merkelig, da?
Annie: Kanskje ikke, men så var det filmene. Han må ha tatt fire filmer fra fotoveska mi.
Strand: Var det noe spesielt med de filmene?
Annie: Tre av dem var ubrukte, og den fjerde var fra turen over Haukelifjell. Det var bare landskapsbilder med geiter.

Politimannen rister oppgitt på hodet.

Strand: Vel, vel. Vi får begynne med begynnelsen. Først må jeg få fullt navn, fødselsår og -dato.

Annie svarer på alle spørsmålene, og deretter forteller hun om den mystiske mannen og om alt som hadde hendt på Nord-Norge-turen. Men jo lenger hun kommer i historien, desto dypere blir rynken i pannen til Kjell Strand.

Strand: Hva var det du sa han het, politiinspektøren?
Annie: Sven Bøye. Han viste meg politiskiltet sitt.

Kjell Strand tar telefonen og snakker lavt i et par minutter før han vender seg mot Annie igjen. Han tar av seg brillene og sier:

Strand: Det finnes ingen Sven Bøye i norsk politi. Derimot har vi en farlig forbryter i arkivet. Han kalles Storebjørn og er spesialist på blant annet dokumentforfalskning. Hans egentlige navn er Stein Bjørnsen, og han er ettersøkt av Interpol, som karakteriserer ham som en intelligent og meget farlig forbryter. Først og fremst må vi få undersøkt passet og de amerikanske reisesjekkene. Kanskje det kan gi oss nye spor.

Annie: Men hva skal jeg gjøre uten pass og penger?

Strand: Du skal nok få tilbake passet ditt og de andre tingene dine. Kan du huske nummeret på bankboksen i Tromsø?

Annie: Jeg tror det var nr. 1727 i Kreditkassens filial i Storgata.

Strand: Fint. Jeg skal sjekke det med det samme. Fikk du et lite fotoapparat også, sa du?

Annie legger det lille apparatet på bordet. Kjell Strand plystrer lavt.

Strand: Det må jeg si! Ikke verst som spionapparat, det der. Det er det minste jeg har sett til nå.

Han legger det i en plastpose sammen med passet og sjekkene.

Annie: Men hva med meg nå?

Strand: For det første: Hold deg her i Trondheim foreløpig slik at vi kan få tak i deg hvis vi trenger det.

Pål: Jeg har noen venner på Brekstad som du kan bo hos. Der er det fredelig og rolig, og du trenger å hvile ut noen dager nå.

Strand: Hva er adressen?

Pål: Nils Årø, Tyrs vei 13 A, 7431 Brekstad. De har telefonnummer 72 51 37 62.

Strand: Det er godt. Hvis du vil ha politibeskyttelse, kan vi sende med en mann.

Annie: Nei takk, det er ikke nødvendig.

Pål: Jo, jeg synes det er en god idé. Jeg må bli i Trondheim til jeg er ferdig med eksamen og kan først komme den 21.

Strand: Ja vel, så sier vi det. En annen ting – og det er ikke det minst viktige – ta kontakt med meg hvis Storebjørn skulle vise seg igjen. Ring til meg med det samme, er det klart?

Det hele er som en vond drøm. Pål holder Annie fast om skuldrene mens de tar heisen ned og går ut av politibygningen. Mannen i vakta tar ikke øynene fra kryssordoppgaven.

Substantiv

m
en blyant
en politifullmektig
en heis
en haug
en dokumenthaug
en bart
en rapport
en mordkommisjon
en begynnelse
en spesialist
en filial
en plastpose
en pose
en beskyttelse
en idé
en bygning

m/f
en/ei vaktluke
en/ei skjorte
briller (flt.)
(en/ei brille)
en/ei rynke
en/ei oppgave
en/ei forfalskning
en/ei skulder

n
et politikammer
et mot
et dagtog
et øyenbryn
et landskapsbilde
et fødselsår
et spørsmål
et arkiv
et dokument

m/n
en/et kryssord

Adjektiv
lyseblå
nederst
usympatisk
underst
spesiell
ubrukt
oppgitt
lenger
egentlig
ettersøkt
intelligent
fredelig
nødvendig
ond
lav
dyp
absolutt

Verb
løse
tygge
gjelde
fortelle
virke
lete/leite
rynke
riste
kalles
karakterisere
sjekke
plystre
hvile
vise seg

Adverb
aller
derimot
foreløpig
meget

Subjunksjoner
jo ... desto
til (inntil)

Preposisjoner
bak
imot

Uttrykk
ja så
ja vel
å se ... ut

Det må jeg si!
blant annet
først og fremst
det hele
fint!
hold det her!
lete/leite etter
hvile ut

1 Komparasjon (se s. 109)

Ved adjektiv på -er/-en/-el faller e bort i komparativ og superlativ. Dobbeltkonsonant blir enkel.

vakker	vakrere	vakrest
sikker	sikrere	sikrest
sulten	sultnere	sultnest

Andre uregelmessige adjektiv:

gammel	eldre	eldst
ung	yngre	yngst
tung	tyngre	tyngst
lang	lengre	lengst

2 Komparativ av uregelmessige adverb

langt	lenger	lengst
lenge	lenger	lengst
gjerne	heller	helst

3 Komparasjon med *mer*

Adjektiv med to eller flere stavelser.
Presens partisipp og perfektum partisipp brukt adjektivisk.
usympatisk – mer usympatisk – mest usympatisk
lettet – mer lettet – mest lettet

4 Absolutt komparativ

en yngre mann
en bedre middag
en eldre dame
en større sum
et mindre uhell

5 Komparasjon av noen stedsadverb

adv./prep.	adv./adj.
foran	forrest
bak	bakerst
nede	neder-
stunder	underst
inne	innerst
over	øverst
ute	ytterst

6 Uregelmessig substantivbøyning

en forbryter	forbryteren	forbrytere	forbryterne
en idé	ideen	ideer	ideene
et politikammer	-kammeret	-kammer/ -kamre	-kamrene
en/ei skulder	skulderen/ skuldra	skuldrer	skuldrene
et spørsmål	spørsmålet	spørsmål	spørsmålene

OPPGAVER

a Hulltekst

På Trondheim politikammer .... Annie ...... studenten som hun hadde .... på toget til Voss. Kjell Strand .... at Annies historie .... litt merkelig, og han .... på hodet ...... han fikk .... den. Men da han .... om Sven Bøye, ble han .... mer interessert. Han .... at Sven Bøye .... politimann, men en farlig .... Han ...... egentlig Stein Bjørnsen, men han ble .... kalt Storebjørn. Interpol .... ham som en .... og meget ....

Kjell Strand tok passet .... og reisesjekkene og ville få dem .... , og han ...... det .... fotoapparatet også. Han hadde .... sett et så .... apparat ....

Annie måtte .... seg i .... av Trondheim, og hun .... hos Påls venner på Brekstad. Pål måtte ...... i Trondheim ...... 21. juni. Da .... var han ferdig med eksamen, og .... også dra til Brekstad.

På Trondheim politikammer fortalte Annie om studenten som hun hadde truffet på toget til Voss. Kjell Strand syntes at Annies historie virket litt merkelig, og han ristet på hodet da han fikk høre den. Men da han hørte om Sven Bøye, ble han straks mer interessert. Han fortalte at Sven Bøye ikke var politimann, men en farlig forbryter. Han het egentlig Stein Bjørnsen, men han ble alltid kalt Storebjørn. Interpol karakteriserte ham som en intelligent og meget farlig forbryter.

Kjell Strand tok passet hennes og reisesjekkene og ville få dem undersøkt, og han tok det lille fotoapparatet også. Han hadde aldri sett et så lite apparat før.

Annie måtte holde seg i nærheten av Trondheim, og hun fikk bo hos Påls venner på Brekstad. Pål måtte bli i Trondheim til 21. juni. Da først var han ferdig med eksamen, og så kunne han også dra til Brekstad.

b Skriv om med *komparativ*

Eks. *Hvilken bil er eldst?*   *Denne Volvo-en er eldre enn de andre.*

Hvilke elever er yngst?

Disse to jentene er .... enn de andre
i klassen.

Hvilket tog er lengst?

Bergenstoget er .... enn de andre.

Hvilken veske er tyngst?

Denne er .... enn de andre.

Hvilken kirke er vakrest?

Denne kirken er .... enn de andre.

Hvilken bankboks er sikrest?

Denne er .... enn de andre.

Hvilken blyant er lengst?

Denne er .... enn de andre.

Hvem arbeider lengst?

Tor arbeidet .... enn Per.

Hvilket tog kjørte lengst?

Dagtoget kjørte .... enn nattoget.

Hvilken spion er mest mistenkelig?

Denne spionen er .... enn James Bond.

---

c Skriv om til *entall*

de farlige forbryterne
lette spørsmål
vonde skuldrer
de gode ideene
små politikammer
de gode spørsmålene

d Fyll ut med *adverb/adjektiv*

under   Han tok fram den .... boka i
         haugen.

foran   Mannen satte seg på det ....
         setet i kabinen.

inne   Ferga gikk til den .... delen av
         Sognefjorden.

bak   Annie tok den ...... plassen i vogna.

nede   Hun fikk den .... køya på toget.

ute   Hun drog til en av de ...... øyene i
         Lofoten.

over   Han hadde det .... kontoret i
         bygningen.

nord   Hun reiste til den .... byen i
         Norge.

e Fyll ut med l*enger/lengre*

Hun vil ikke spille rollen .... Nattoget

er .... enn dagtoget, og det tar ....

tid. Turen til Bodø var .... enn hun

hadde trodd. Hun kunne ikke sove ....

Det er .... til Bodø enn til Trondheim.

Veien langs stranden er .... enn hoved-

veien. Kari arbeidet .... enn Tor. Bussen

gikk .... enn toget. Toget går ikke

.... nord enn til Bodø. Denne blyanten

er .... enn de andre. Den røde jakka er

.... enn den svarte.

f Fyll ut med preteritum

vise   Det .... seg å være en
         spesialist.

hvile   Han .... ut i ferien.

plystre   Han .... på hunden.

sjekke   Han .... passasjerenes
         bagasje.

karakterisere   De .... ham som svært
         farlig.

riste   Han .... flasken før han
         åpnet den.

rynke	Han .... pannen.
lete etter	Han .... etter brillene sine.
virke	Han .... intelligent.
fortelle	Hun .... alltid gode historier.
gjelde	Det .... en katt som var forsvunnet.
tygge	Han .... et stykke brød.
løse	De .... en vanskelig oppgave.
slippe	De .... ham ikke av syne.
tvinge	De .... meg til å hente dokumentene.
svinge	Bilen .... til høyre ved postkontoret.
oppleve	Hun .... mye merkelig på turen.
forstyrre	De .... meg da jeg arbeidet med dokumentene.

g Fyll ut med *gjerne/heller/helst*

Jeg vil .... ha te enn kaffe, takk.
Ja takk, ... Jeg vil .... ha den
øverste køya. Jeg vil .... ha den
nederste. Jeg vil .... ha den i midten.
Jeg vil .... ta nattoget. Jeg vil ....
ta buss enn bil. Jeg vil .... ikke ta fly.
Jeg vil .... gå på kino enn i teater.

h Sett inn *hvis/om*

Hun spurte ...... han ikke kom snart. ......
han kommer kl. fem, kan vi dra til byen
samme. Vet du ...... han har gitt henne
pengene? Du kan sove lenge ..... du ikke
skal arbeide i morgen. Hun ville vite ......
det var et lite fly. ...... det er et stort fly,
kan jeg ta bagasjen med inn i kabinen.
De spurte ...... det var mange passasjerer
med flyet. ...... det er en forbryter der, vil
jeg ikke komme. Hun kan ta bilder selv ......
det er mørkt. ...... du har vondt i øyet, må
du gå til lege. Hun bad ham ...... hjelp. ......
du drar nå, kan du nå fram før det blir
mørkt. Det går fint ...... du gjør som jeg
sier. Han spurte ...... alt var i orden.

i En politirapport
De to politibetjentene på bildet på
side 112 ser ut som om de har noe veldig
spennende på dataskjermen. Arbeid
sammen i grupper og lag et forslag til hva
det kan være de er opptatt av, og hva de
bestemmer seg for å gjøre med saken.
Etterpå skriver en av dem en rapport om
sakens gang så langt. Bruk preteritum og
sterke verb der det er mulig.

j Se på skjermen oppe på veggen. Hvilket
sted er det politiet overvåker her – og
hvorfor? Arbeid sammen i grupper på to.
Hver gruppe får en liten lapp av læreren,
og der skal de skrive et forslag til hva
politiet ser på denne skjermen. Læreren
samler inn lappene, og så skal hver gruppe
trekke en lapp etter tur. Trekker de sin egen
lapp, må de legge den tilbake igjen og
trekke en annen. Hver gruppe skal så
improvisere en beskrivelse av hendelsen ut
fra det som står på lappen. Dere får ikke
mye tid til å forberede dere!

k De to politibetjentene er gode venner og
kjenner hverandre godt fra lang tid tilbake.
En fredagskveld har de begge fri fra
jobben, og de går ut på byen for å ta en øl
og en prat. Gå sammen to og to og spill
rollene. Hva sier de til hverandre?

l Anne Holt og Karin Fossum er populære
krimforfattere i Norge. Finn opplysninger
om en av forfatterne og bøkene hennes.
Lag en liten presentasjon av forfatteren.

LEKSJON 19

Oppdraget

Annie trengte virkelig å hvile. Hun sov tungt og lenge hver natt på sove-tablettene hun hadde fått av legen, og om dagen gikk hun lange turer, eller hun syklet på den gamle, blå sykkelen hun hadde fått låne. Politibetjenten holdt seg heldigvis på god avstand i en liten privatbil. Om ettermiddagen tok hun ungene til Grete og Nils med seg på stranden. Rune på fire samlet skjell i vannkanten, mens Kristine på sju helst ville leke sisten eller gjemsel med Annie. Ofte tok de en tur ned på brygga og så på fiskebåtene. Et par ganger om dagen kom Hurtigbåten fra Trondheim. Annie visste godt at Pål ikke kunne komme før den 21., men hun så alltid etter om han skulle være med likevel.

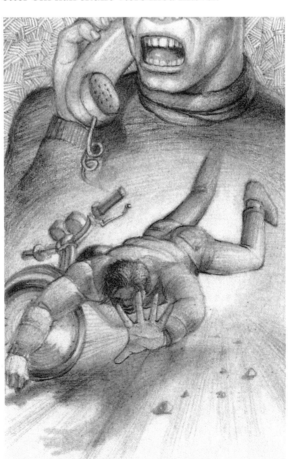

Annie kunne sitte i timevis og se ut over Trondheimsfjorden. Hun prøvde å tenke seg hvordan fjorden så ut i vikingtida da vikingskip med seil i mange farger var på vei inn mot Nidaros, den gamle hovedstaden. Men ofte ble hun revet ut av tankene av brølende jetfly som fløy like over hodet på henne. De hørte til ved Ørland lufthavn.

Onsdag kveld satt hun og så på tv med Nils og ungene. Plutselig ringte telefonen, og Annie sprang opp.

Annie: Hallo, det er hos Årø.

Pål: Annie, er det deg? Vet du, jeg holdt på å kjøre utfor veien i morges. Bremsene på motorsykkelen virket ikke da jeg skulle kjøre ned bakken mot byen. Heldigvis greide jeg å kaste meg av, men sykkelen er helt ødelagt.

Annie: Hva er det du sier? Er du skadet?

Pål: Nei, men jeg slo meg kraftig på knærne og skuldrene. Og jeg holdt på å komme for seint til eksamen. Men vet du hva jeg fant da jeg kom hjem på hybelen?

Annie: Nei, hva da? Fortell!

Pål: Et brev fra Sven Bøye. Det var nemlig han som arrangerte «ulykken». Han skriver at det vil hende oss noe langt alvorligere hvis vi ikke utfører det siste oppdraget.

Annie: Det siste oppdraget? Hva vil han vi skal gjøre?

Pål: Vi skal hente en dokumentmappe på en boreplattform i Nordsjøen, og så skal vi ta den med til en adresse i Stavanger, Liv Pettersens adresse. Jeg har fått nøkkelen.

Annie: Nei, det tør jeg ikke, Pål! Jeg har fått mer enn nok av den mystiske mannen. Politiet får ordne opp i det.

Pål: Politiet? Ikke tale om. Jeg vil ikke at du også skal bli utsatt for en «ulykke». Vi gjør som han sier, og så er det hele over, det står det i brevet. Jeg drar enten du vil det eller ikke.

Annie: OK, så drar vi begge to. Jeg vil i alle fall ikke la deg reise alene.

Da Annie hadde lagt på røret, ble hun sittende lenge og tenke: «Hadde Pål virkelig vært utsatt for en ulykke, eller var det bare noe han hadde funnet på? Kanskje han samarbeidet med den mystiske mannen? Kanskje alt var arrangert bare for å få henne ut på bore-plattformen? Men da måtte Pål ha vært på Sven Bøyes side helt fra hun traff ham på bussen over Sognefjell!»

ORDLISTE

Substantiv

m
en sovetablett
en avstand
en privatbil
en unge
en vannkant
sisten
gjemsel
en fiskebåt
en farge
en hovedstad
en hybel
en tanke
en motorsykkel
en bakke

m/f
en/ei brems
en/ei ulykke
en/ei dokument-
    mappe
en/ei boreplattform
en/ei brygge

n
et skjell
et seil
et jetfly
et oppdrag

Adjektiv
brølende
skadet (perf. part)
kraftig

Verb
arrangere
leke/leike
låne
samle
legge
rive
fly
høre

sukke
springe
hole
virke
greie
kaste
slå seg
utføre
samarbeide

Adverb
nemlig
alene
ofte

Konjunksjon
enten ... eller

Preposisjon
utfor

Uttrykk
holde seg på
    avstand
i timevis
i morges
få nok av
ordne opp i noe
ikke tale om!
bli utsatt for noe
finne på
legge til
rive ut
høre til
holde på å
kaste av

GRAMMATIKK

1 Det-setninger

– Formelt subjekt
(naturfenomener, sansninger,
upersonlige passive konstruksjoner)
Det regner. Det snør. Det er kaldt.
Det banker på døra. Det ble mørkt.

– Presentering
(formelt subjekt + potensielt subjekt)
Det ligger en bok på bordet.
Det finnes ingen Sven Bøye i norsk politi.
Det ble funnet en konvolutt på hybelen.
Det var mange turister i byen.
Det kom en bil kjørende.

– Infinitivskonstruksjon eller
leddsetning som potensielt subjekt
Det var hyggelig å treffe deg.
Det er fint at du vil hjelpe meg.
Det er morsomt å sykle.
Det er mystisk at han følger etter henne.
Det er ikke nødvendig å komme og hente
meg på flyplassen.

– Utbrytning
Det er han som har saken.
Det er bilen (som) de ser.
Det er et glass (som) de drikker av.
Det var kriminalromaner (som) han likte
best.

2 Tidsuttrykk

a – *i forhold til det aktuelle handlingstidspunktet (nå)*

FORTID	SAMTID (nå)	FRAMTID
for et øyeblikk siden	i dette øyeblikket	om et øyeblikk
for en stund siden	nå	om en liten stund
for litt siden	nå	om litt
for et kvarter siden	nå	om en kvarter
for en time siden	nå	om en time
i går	i dag	i morgen
i går morges	i morges	i morgen tidlig
i går formiddag	i formiddag	i morgen formiddag
i går ettermiddag	i ettermiddag	i morgen ettermiddag
i går kveld	i kveld	i morgen kveld
i går natt	i natt	i morgen natt
i forgårs	i dag	i overmorgen
(i) forrige uke	(i) denne uka	(i) neste uke
(i) forrige måned	(i) denne måneden	(i) neste måned
i fjor vinter	i vinter	til vinteren
i fjor vår	i vår	til våren
i fjor sommer	i sommer	til sommeren
i fjor høst	i høst	til høsten
i fjor	i år	(til) neste år
– i forfjor		

b – *i forhold til handlingstidspunktet i en fortelling (da)*

FORTID	SAMTID (da)	FRAMTID
et øyeblikk før	i det samme	et øyeblikk etter
	i samme øyeblikk	
en liten stund før	da	en liten stund etter
		en liten stund seinere
litt før	da	litt etter
litt tidligere	da	litt seinere
et kvarter før	da	et kvarter etter
om formiddagen	den formiddagen	om formiddagen
om ettermiddagen	den ettermiddagen	om ettermiddagen
om kvelden	den kvelden	om kvelden
om dagen		
om natta	den natta	om natta
dagen før	den dagen	dagen etter
dagen før	samme dag	neste dag
dagen før om formiddagen	samme formiddag	neste formiddag
dagen før om ettermiddagen	samme ettermiddag	neste ettermiddag
kvelden før	samme kveld	neste kveld
natta før	samme natt	neste natt
uka før	samme uke	uka etter
to uker før	samme uke	to uker etter
om mandagen	den mandagen	mandagen etter
året før	det året	året etter
to år før	samme år	to år etter

OPPGAVER

a Hulltekst

B: Hva .... du da du var på
Brekstad?

A: Jeg ...... en god del av .... , men.....
.... gikk jeg på tur eller ....

B: Kunne du gå hvor du .... ? Var det
ikke en .... som var med deg?

A: Jo, han .... meg .... ,
men på god .... , heldigvis.

B: Hvor .... er ungene til Grete og Nils?

A: Rune er fire år .... og Kristine er
sju. De ville .... leke med meg hele
....

B: .... du det, da?

A: Ja, i alle .... en del av tida. De
.... å være på stranden, og det
.... jeg også. Noen .... gikk vi
ned til .... og ...... på båtene.

B: Det må ha vært fint ...... deg med noen
dager på Brekstad.

A: Så veldig rolig og .... er det ikke
der, akkurat.

B: Er det ikke det?

A: Nei, for det er .... der
som .... på Ørland lufthavn,
og når de .... over hodet på deg,
.... direkte vondt i ....

B: Tok du bilder av ...... ? Det hadde
.... Sven Bøye ....

A: Ja, det .... jeg også på. Men jeg er
.... med Sven Bøye nå. Jeg tar
ingen .... bilder for ham, nei.

B: Hva gjorde du da du var på
Brekstad?

A: Jeg sov en god del av tida, men om
dagen gikk jeg tur eller syklet.

B: Kunne du gå hvor du ville? Var det
ikke en politimann som var med deg?

A: Jo, han fulgte meg hele tida,
men på god avstand, heldigvis.

B: Hvor gamle er ungene til Grete og Nils?

A: Rune er fire år gammel og Kristine er
sju. De ville helst leke med meg hele
ettermiddagen.

B: Gjorde du det, da?

A: Ja, i alle fall en del av tida. De
likte å være på stranden, og det
liker jeg også. Noen ganger gikk vi
ned til brygga og så på båtene.

B: Det må ha vært fint for deg med noen
dager på Brekstad.

A: Så veldig rolig og fredelig er det ikke
der, akkurat.

B: Er det ikke det?

A: Nei, for det er mange militærfly der
som holder til på Ørland lufthavn,
og når de flyr like over hodet på deg,
gjør det direkte vondt i ørene.

B: Tok du bilder av dem? Det hadde
sikkert Sven Bøye likt.

A: Ja, det tenkte jeg også på. Men jeg er
ferdig med Sven Bøye nå. Jeg tar
ingen flere bilder for ham, nei.

b Sett inn *om/i/for/til/på*

Han kommer ...... tre uker. ..... natta sover jeg. ...... vinteren skal jeg reise på fjellet. ...... sommer arbeidet jeg på en kafé. ...... denne uken har jeg lyst til å gå på kino. ...... fjor høst regnet det mye. ...... vår regnet det mer. ...... morgen tidlig skal jeg ta toget. ...... tre uker siden så jeg en god film. ...... sommeren kommer foreldrene mine til Oslo. ...... ettermiddag skal jeg arbeide i butikken. ...... forgårs så jeg en alvorlig ulykke. ...... litt siden la båten til kaien. ...... en liten stund kommer Hurtigbåten. ...... kveld må jeg ta en sove-tablett. ...... natta drar fiskebåtene ut. ...... formiddagen arbeider jeg. ...... mandag kommer Pål til Brekstad. Dagen før ...... morgenen tok han motorsykkelen til sentrum. ...... tre år siden fikk hun jobb på et kontor. ...... går morges sov hun lenge. ...... morgen tidlig skal de dra til Stavanger. ...... overmorgen skal de dra ut til boreplattformen. ...... morgenen fant de skjell på stranden. ...... neste år skal Pål arbeide i Oslo. ...... neste måned skal de på ferie i fjellet. ...... vinteren er det kaldt. ...... vinter fikk han et farlig oppdrag. Hun har vært der ...... tre dager. Hun reiser igjen ...... en uke. De måtte vente ...... kl. to. ...... mai er det fint i hovedstaden. ...... kvelden må ungene legge seg tidlig. ...... ferien hviler de seg ut. ...... år skal jeg skrive en kriminalroman. ...... kvelden liker jeg å se på tv. ...... overmorgen er det søndag. ...... et øyeblikk siden så jeg en merkelig fugl. Jeg må gå ...... et øyeblikk. ...... høsten skal Pål begynne å arbeide. ...... neste år skal de reise på ferie til England.

c Skriv om til preteritum

fly	Hun .... kl. 19.00.
skrive	Han .... en lang rapport.
skulle	Hun .... hvile ut noen dager.
slippe	Han .... katten ut.
stå	De .... ved veien.
slå	Ungene .... seg ofte.
snike	Katten .... seg inn vinduet.
sove	Den .... aldri om natta.
springe	Den .... ofte opp i gardinene.
spørre	De .... henne om veien.
synes	Hun .... at han var sympatisk.
ta	Han .... alle dokumentene.
tore	Han .... ikke å sykle om natta.
treffe	Hun .... ikke nattevakten.
tvinge	De .... henne til å fortelle alt.
ville	De .... ikke ta heisen.
vite	Hun .... ikke hva det gjaldt.
være	Det .... et godt spørsmål.
ødelegge	De .... hele arkivet.
rive	Hun .... papirene ut av dokumentmappa.
låne	Hun .... en gammel jakke.
legge	Båten .... til brygga.
leke	Hun .... med dem hele ettermiddagen.

d Skriv om til *det*-setninger

Presentering:

En koffert står i gangen. En motorsykkel ble funnet i Rissa. Mange fiskebåter var på fjorden. Mange skjell lå ved vannkanten. Mange unger leker ved stranden. Mange elever går på skolen. En bil kjører opp bakken. En gutt kom løpende. Mange passasjerer sitter i avgangshallen. Mange fugler sitter i treet.

Infinitiv/leddsetning:

Å gå på kino er hyggelig. Å ta mange sovetabletter er farlig. At bremsene ikke virket, var merkelig. Å utføre det siste oppdraget, var ubehagelig. At du fikk plass i flyet, var fint. At han fant rapporten, var bra. At han ikke var politimann, var en overraskelse. Å gå til politiet var nødvendig.

Utbrytning:

Han tar Hurtigbåten til Brekstad. De hørte et *jetfly*. De samler *skjell* på stranda. Han samarbeider med *forbryteren*. Hun leker med ungene. *Han* samarbeider med spionen. Hun så en *privatbil*. *Hun* lånte en sykkel. Han arbeidet *om kvelden*. *Bremsene* virket ikke. Hun fant ikke *billettene*. *De* ville ikke gå inn i bygningen. De skulle hente en *dokumentmappe*. Han hadde *briller*. De tok *dagtoget*. Han spurte etter *fødselsår* og *-dato*. Han leter etter *rapporten*.

e Sett inn *leke* eller *spille*

.... du tennis? Nei, jeg liker best å

.... fotball. Skal vi .... kort? Vil du

.... sisten? Nei, jeg vil heller ....

«Monopol». Hvilket instrument .... du?

Jeg .... piano. .... du sjakk? ....

dere teater? Hvilket skuespill .... dere?

Hvilken rolle .... du?

Ungene .... butikk. De ....

basketball på skolen. Kristin .... med

hunden sin. Hunden .... med

ballen sin. De .... om penger. ....

du klarinett?

f Sisten eller gjemsel?

Beskriv en barnelek som er populær i ditt hjemland.

g Annies kvaler

Les de siste setningene i leksjonen en gang til. Hva tror dere er svaret på spørsmålene til Annie? Skriv ned noen forslag og diskuter.

h Kvinnen på bildet side 106 bruker lupen i forbindelse med en hobby eller i yrket sitt. Arbeid sammen to og to og lag en liste over ulike muligheter.

i Akkurat nå studerer hun noe som er spesielt interessant. Hva er det? Hun har en kassettspiller og leser inn en kort rapport om det hun observerer. Gå sammen i grupper og sammenlikn de to listene dere har. Velg ett alternativ fra listene og skriv notater til rapporten. Så leser en av dere inn rapporten på bånd.

j Kvinnen på bildet bruker lupen i en svært spesiell og uvanlig situasjon. Hvilken? En journalist i en lokalavis får høre om dette, og han/hun vil gjerne ha et intervju med kvinnen. Arbeid i grupper og lag notater til telefonsamtalen der journalisten ber om å få intervjuet. Kvinnen er ikke så interessert i å bli intervjuet, men hun aksepterer det likevel. To i gruppa framfører telefonsamtalen med ryggen mot hverandre.

k Hvordan forbereder journalisten seg til intervjuet? (Se oppgaven ovenfor.) Arbeid sammen i grupper på fire og skriv journalistens notater. En i gruppa spiller kvinnen, og hver gruppe framfører intervjuet.

l Et reisebrev
Velg en kommune i Norge. Finn opplysninger om turistaktiviteter. Skriv et reisebrev basert på opplysningene. Arbeid individuelt eller i grupper.

LEKSJON 20

På boreplattformen i Nordsjøen

Tåken lå lavt over havflaten da det store helikopteret nærmet seg bore-plattformen og landet på helikopterdekket. Lenger borte lyste flammen fra fakkeltårnet, og langt under dem slo sjøen inn mellom betongsøylene som bar den enorme konstruksjonen.

Oljerigg på Statfjordfeltet, Nordsjøen

På produksjonsdekket holdt en gruppe arbeidere på med å heise ned et ti meter langt rør. De var dekket av brunsvart slam, og hadde sikkerhets-hjelmer og tunge støvler som slo mot ståldekket.

Pål og Annie hadde også fått hjelmer på, og Annie prøvde så godt hun kunne å notere de opplysningene hun fikk av ham som viste dem rundt. Takket være pressekortet som Sven Bøye hadde gitt dem, fikk de komme omkring og se alt de ville.

Seinere på dagen spiste de lunsj på boligplattformen. Annie var imponert over den kjempestore spisesalen og over alle de lekre rettene på koldtbordet.

Pål: Har du sett det de spiser her på en ganske vanlig hverdag? Det er jo rene julebordet, jo!

Annie: Ja, men jeg synes at de trenger det, også. Tenk på det arbeidet de har. Ville ikke du også hatt lyst på god mat hvis du skulle jobbet her ute i 14 dager i trekk?

Pål: Huff, det frister ikke til tross for maten. Kom så går vi bort til disken. Det er kokken vi skal få dokumentmappa av.

De går bort til disken, og Annie viser fram pressekortet sitt. Kokken kaster et raskt blikk ut i salen, bøyer seg mot Annie og skyver en svart dokumentmappe bort mot henne. Hun får den og setter den forsiktig ned på gulvet.

De tar drosje fra Stavanger Lufthavn på Sola inn til Stavanger sentrum. Annie stirrer stivt framfor seg og sier ikke et ord på hele turen. Pål har gitt Liv Pettersens adresse til sjåføren, og snart står de foran et lite, hvitmalt trehus i Kirkegaten 41. Pål ringer først på døra, men da det ikke er noen som lukker opp, tar han fram nøkkelen og låser seg inn. I gangen er det helt mørkt. De tenner lyset. Det er ikke en lyd å høre i hele huset.

Annie: Vi setter fra oss dokumentmappa her i gangen og kommer oss vekk herfra så fort som mulig. Jeg vil ikke være her et sekund lenger enn nødvendig.

Pål: Vent litt, det er noe som ikke stemmer.

Han går mot døra til stua, åpner den, og i det samme ser de en skikkelse ligge i en unaturlig stilling på gulvet. Fra et sår i hodet renner det en bred stripe mørkt blod ut på gulvteppet. Det mørkerøde blodet står i skarp kontrast til det lyse teppet. Annie snur seg for å løpe ut, men like foran utgangsdøra står det en mann med skjegg og mørke briller. Han har en pistol i hånden, og den peker rett mot Annie.

ORDLISTE

Substantiv
m
en flamme
en fakkel
en sjø
en betongsøyle
en produksjon
en sikkerhet
en hjelm
en lunsj
en bolig
en spisesal
en rett
en hverdag
en disk
en kokk
en sjåfør
en nøkkel
en gang
en lyd
en skikkelse
en kontrast
en pistol

m/f
en/ei tåke
en/ei havflate
en/ei gruppe
en/ei presse
en/ei stilling
en/ei stripe

n
et helikopter
et dekk
et tårn
et rør
et slam
et pressekort
et koldtbord
et julebord
et arbeid
et blikk
et blod
et gulv/golv
et lys
et sekund
et sår

Adjektiv
enorm
brunsvart
imponert
lekker
vanlig
rask
hvitmalt
unaturlig
bred/brei
mørkerød
skarp

Verb
lyse
heise
notere
friste
bøye seg
skyve
låse
tenne
stemme
renne
snu seg
lukke

Adverb
omkring
herfra
rett (mot)
vekk

Subjunksjoner
da

Preposisjoner
foran

Uttrykk
holde på med å
takket være
ha lyst til å
ha lyst på noe
til tross for
lukke opp
sette fra seg
i det samme
notere ned

GRAMMATIKK

1 Sammensatte tempusformer – modalverb

– Presens futurum
Hun *skal reise* i morgen
Han *vil lese* boka før eksamen.

– Preteritum futurum
Hun *skulle reise* dagen etter.
Han *ville lese* boka før eksamen.

– Presens perfektum futurum
Hun *skal ha reist* dagen etter.
Han *vil ha lest* boka før eksamen.

– Preteritum perfektum futurum
Hun *skulle (ha) reist* dagen etter.
Han *ville (ha) lest* boka før eksamen.

2 Tempusformer i leddsetninger – modal bruk

– Med subjunksjon
preteritum – preteritum futurum
Hvis han *ringte, ville* hun *komme.*
Dersom han *kom* til byen, *ville* hun *ta* kontakt.

preteritum perfektum – pret. perf. futurum
Hvis han *hadde ringt, ville* hun *(ha) kommet.*
Dersom jeg *hadde hatt* tid, *skulle* jeg *(ha) hjulpet* deg.

preteritum perfektum – preteritum perfektum
Hvis han *hadde ringt, hadde* hun *kommet.*
Dersom jeg *hadde hatt* tid, *hadde* jeg *hjulpet* deg.

– Uten subjunksjon
preteritum – preteritum futurum
Ringte han, *ville* hun *komme.*
Kom han til byen, *ville* hun *ta* kontakt.

preteritum perfektum – pret. perf. futurum
Hadde han *ringt, ville* hun *(ha) kommet.*
Hadde jeg *hatt* tid, *skulle* jeg *(ha) hjulpet* deg.

preteritum perfektum – preteritum perfektum
Hadde han *ringt, hadde* hun *kommet.*
Hadde jeg *hatt* tid, *hadde* jeg *hjulpet* deg.

3 Annen tempusbruk med modal funksjon

Høflighetsuttrykk
Kan jeg sitte her?
Kan jeg få sitte her?
Kunne jeg få sitte her?
Kunne jeg få lov til å sitte her?
Kunne jeg få snakke med henne?
Vil du hjelpe meg?
Ville du hjelpe meg?
Ville du være vennlig å hjelpe meg?
Jeg ville gjerne snakke med henne.
Jeg ville gjerne se på et par støvler.

Ønsker
Bare det ville bli fint vær snart!
Jeg skulle absolutt ha snakket med henne.
Bare han ville ringe snart!
Bare han hadde ringt!
Jeg skulle ikke ha gjort det.
Hadde jeg bare så mange penger som du!
Hvis jeg bare hadde tatt en reiseforsikring!

Pret. og pret. perf. har ofte modal funksjon.

4 S-verb

Aktiv: Det *finnes* ingen Sven Bøye i norsk politi.
Han *synes* at det er nødvendig.

Passiv: Det *skrives* mange romaner i Norge.
(= Det blir skrevet mange romaner i Norge.)
Han *kalles* Storebjørn.
(= Han blir kalt Storebjørn.)
Det *drikkes* mye kaffe i Norge.
(= Det blir drukket mye kaffe i Norge.)

Refleksiv/resiprokfunksjon
Hun tives godt i Norge.
Vi sees i morgen tidlig.
Vi treffes på mandag.

5 Refleksivt pronomen *seg*

Identitet mellom subjektet og refleksivpronomenet:

S
Han er hjemme hos (seg) (selv).

Han er hjemme hos seg (selv).
De er hjemme hos seg (selv).

Hun fant dem hjemme hos seg.

Ingen identitet mellom subjektet og pronomenet:
Hun er hjemme hos ham.
Hun er hjemme hos henne.
Hun er hjemme hos dem.
Han er hjemme hos henne.
Han er hjemme hos ham.
Han er hjemme hos dem.
De er hjemme hos ham.
De er hjemme hos henne.
De er hjemme hos dem.

S
Da hun kom hjem, var de hjemme hos (henne.)

Det var mange mennesker hjemme hos henne.

6 Sammensatte ord

Direkte sammensetning
Substantiv + substantiv
havflate
helikopterdekk
fakkeltårn
betongsøyle
pressekort
jetfly
gresstak/grastak
trehus
ullteppe

Adjektiv + substantiv
koldtbord
privatbil

Verb + substantiv
skrivebord
sovetablett
fiskebåt
reisesjekk

Sammensetning med s

Substantiv + substantiv
sikkerhetshjelm
fødselsår
landingshjul
avgangshall
eksamenslesning

Toleddete ord + substantiv
landskapsbilde

Sammensetning med e

Substantiv + substantiv
julebord
nattevakt

NB Her er det siste leddet det viktigste.
en gutteskole = skole for gutter.
en skolegutt = en gutt som går på skolen.

Adjektiv + adjektiv
lyseblå
mørkegrønn

OPPGAVER

a Hulltekst

B: .... fikk dere ...... til å komme ut
på boreplattformen?

A: Jeg .... journalist, og
Sven Bøye hadde .... oss et
pressekort.

B: Fikk dere gå .... dere ville og se
...... ?

A: Ja, vi var rundt og så ....,
og jeg .... alle ....

B: Spiste dere middag der også?

A: Nei, vi .... lunsj. Du ....
.... den store spisesalen med det
flotte ....

B: Men så .... de hardt ....
Var det en av ...... som ...... dere
dokumentmappa?

A: Nei, det var kokken.

B: .... kunne han .... at dere var
de riktige personene?

A: Han .... at vi skulle ha med oss
pressekortet og ....

B: ...... dere dokumentmappa til
Liv Pettersen i Stavanger?

B: Hvordan fikk dere lov til å komme ut
på boreplattformen?

A: Jeg skulle være journalist, og
Sven Bøye hadde gitt oss et
pressekort.

B: Fikk dere gå hvor dere ville og se
alt?

A: Ja, vi var rundt og så alle steder,
og jeg noterte ned alle opplysningene.

B: Spiste dere middag der også?

A: Nei, vi spiste lunsj. Du skulle ha
sett den store spisesalen med det
flotte koldtbordet.

B: Men så arbeider de hardt der ute.
Var det en av arbeiderne som gav dere
dokumentmappa?

A: Nei, det var kokken.

B: Hvordan kunne han vite at dere var
de riktige personene?

A: Han visste at vi skulle ha med oss
pressekortet og vise ham det.

B: Gav dere dokumentmappa til
Liv Pettersen i Stavanger?

A: Vi hadde .... adressen ....,

men ...... vi ringte på døra, var det

.... som lukket opp.

B: .... dere mappa .... døra, da?

A: Nei, det .... vi ikke. Pål hadde en

.... og .... opp.

B: Men hva hadde dere ....

Liv Pettersen hadde kommet hjem og

...... dere hjemme .... ?

A: Det kunne hun ikke, ... hun ...... død

i stua.

A: Vi hadde fått adressen hennes,

men da vi ringte på døra, var det

ingen som lukket opp.

B: Satte dere mappa utenfor døra, da?

A: Nei, det kunne vi ikke. Pål hadde en

nøkkel og låste opp.

B: Men hva hadde dere gjort dersom

Liv Pettersen hadde kommet hjem og

funnet dere hjemme hos seg?

A: Det kunne hun ikke, for hun lå død

i stua.

---

b Lag sammensatte ord.
Sett sammen ett ledd fra gruppe I med ett ledd fra gruppe II ved å trekke streker mellom dem og skriv en liste med de sammensatte ordene du kan lage.

I	II
skrive	plass
jule	hus
smør	flaske
spise	sykkel
motor	brød
bok	*bord*
te	båt
vin	vakt
fiske	tak
folk	vogn
fødsel	kort
operasjon	søke
hoved	bord
vann	lyse
gress	hylle
fly	sal
tre	kopp
barn	glass
etter	vei
lys	pakke
spise	brød
jet	år
vin	blå
under	fly

c Skriv om med *s-verb*
Man kaller ham Storebjørn. Man sier at han er farlig. Man forteller at han er etter-søkt av Interpol. Man leter etter en gul folkevogn. Man opplever det som en vond drøm. Man frykter at han er død. Man mener at han skulle sende konvolutten. Man melder at han ble slått i hodet. Man spør om han vil bli tatt. Man åpner døra kl. åtte. Man viser film hver ettermiddag. Man skriver mange romaner i Norge. Man drikker mye vann når det er varmt.

d Skriv om til passiv med *bli*
Noen skoleelever fant studenten død i Sognsvann. Politiet bad alle om å gi opp-lysninger. Han tok filmene opp av foto-veska. Annie fortalte historien om turen til Nord-Norge. Interpol karakteriserte ham som en farlig forbryter. Politiet undersøker passet og reisesjekkene. Spesialistene sjekket fotoapparatet. Han legger passet og sjekkene i en plastpose. Mannen i vakten løser kryssord. Læreren viste filmen hver ettermiddag. Annie opplever det som en vond drøm.

e Finn synonymer

vende	mene
skje	klare
springe	stoppe
virke	åpne
greie	se
gjelde	pen
synes	hende
jobbe	arbeide
lukke opp	vekk
lukke igjen	*snu*
kjenne	løpe
stanse	merke
reise	hvis
dersom	dra
vakker	låse
bort	synes
stirre	dreie seg om

f Sett inn refleksivt pronomen *seg*, eller personlig pronomen i avhengighetsform: *ham, henne* etc.

Hun slo ...... på knærne. Han hadde et stort bord stående hos .... Hos ...... var det mange bøker. Hun tok filmene med hjem til .... Hjemme hos ...... var det god plass. Det kom en journalist hjem til .... Journalisten hadde en skrivemaskin hjemme hos .... De kjøpte blomster til .... Hun tok mange bilder av .... Hun vendte ...... til venstre. Han inviterte .... De spiste middag hos .... De transporterte ham hjem til .... Hun spurte ...... om det var sant. Han ødela alt hjemme hos .... Det lå et brev hjemme hos ....

g Gjør om til leddsetninger med *hvis/dersom* og futurumsformer i helsetningen.

Eks. Det blir fint vær. Jeg drar til stranden.
Hvis det blir fint vær, vil jeg dra til stranden.

- Det regner ikke. Jeg tar sykkelen.
- Det blir varmt. Jeg drar for å svømme
- Jeg har en motorsykkel.
  Jeg kjører til Trondheim.
- Jeg har sovetabletter.
  Jeg sover godt hver natt.
- Jeg får godt betalt for det. Jeg gjør det.
- Jeg har et pressekort.
  Jeg utfører oppdraget.
- Jeg har alle papirene. Jeg løser oppgaven.
- Jeg er syk. Jeg sitter forrest i bussen.
- Han har ikke skjegg.
  Jeg kjenner ham igjen.
- Hun bretter ikke opp buksa.
  Jeg kan ikke sykle.
- Jeg spiller ikke rollen.
  Jeg kommer ikke til Svalbard.
- Han er ikke funnet i Sognsvann.
  Politiet har ikke noe spor.
- Hun snakker ikke norsk.
  Hun kan ikke spille rollen.

i Sett inn disse partiklene:
av, etter, for, foran, fra, fram, igjen, inn, med

Hun følger ...... dem til Voss. Jeg vil ikke bli her ...... alt i verden. Han tok ...... en avis og begynte å lese. Det er en roman ...... Dag Solstad. Hun kjente ham ikke ...... fordi han hadde fått skjegg. Hva holder du på ......? De gikk ...... i avgangshallen. Hun la ...... jakka si på plassen. Hun satte ...... seg kofferten på bagasjehylla. Hun syklet lange turer til tross ...... været. Like ...... kom det mange passasjerer. Hun hadde fått nok ...... å være der. Han hadde tatt feil ...... bøkene. Han stod og ventet ...... hovedinngangen. Hun flyktet ...... ham. Hun drog ...... fem minutter siden. En liten stund ...... gikk hun .... Vil du sitte ved siden ...... ham? Hun ville ikke slippe ham

...... syne. Han hadde sans ...... arkitektur. Når kommer vi ......? Er du ...... Frankrike? Vi må sjekke ...... bagasjen. Vi må dra ...... det samme. Jeg vil ikke være ...... på hva som helst. Han ble utsatt ...... en ulykke. I løpet ...... ferien traff hun mange mennesker. Det er mange turister her ...... tida. De holder øye ...... oss hele tida. Hun ble lagt ...... på sykehuset i går. De så midnattssola ...... første gang. De kom til en liten by nord ...... Bodø. Vil du sitte ...... meg? Flyet tok ...... kl. 15. Han bor i nærheten ...... Oslo. Det er et hus ...... tre. Jeg er ...... Oslo. Han gikk ...... i bussen. Hun fikk pengene ...... broren sin. Vi drikker te ...... store kopper. Vi ble stoppet ...... politiet. Hun ble kastet ...... sykkelen. Hun er reist tilbake til Bergen ...... lengst. Du må ...... all del ikke gå dit. Da telefonen ringte, løftet hun ...... røret.

j Sett inn *til* eller *på*

Har du lyst ...... å gå på kino? Jeg har lyst ...... et stort glass vann. Har du lyst ...... en tur til Danmark? Jeg har lyst ...... å reise dit til sommeren. Jeg har lyst ...... å bli der i mange uker. Har du lyst ...... å bli med meg? Jeg har lyst ...... litt ferie nå. Jeg har lyst ...... å svømme og sykle. Jeg har lyst ...... en ny sykkel. Jeg har lyst ...... å kjøpe ny jakke.

k Skriv en historie med utgangspunkt i setningen: Hvis jeg vant en million ... og bruk futurumsformer.

l Se på bildet på side 128. Skaff et kart over oljefeltene i Nordsjøen, og øv to og to muntlig med spørsmål og svar om navn på feltene og hvor de er plassert i forhold til hverandre.

m Finn informasjon om den norske olje-aktiviteten og geologiske forhold i Nordsjøen. Du skal holde et lite foredrag for en gruppe med 12-åringer om hvordan oljeforekomstene ble til, og hvordan oljen blir utvunnet i Nordsjøen i dag. Husk at språket må være veldig enkelt, og fore-draget må være morsomt for at barna skal bli interessert i det du sier! Skriv foredraget, og forklar hva slags visuelt materiale du vil ta med og vise barna. Arbeid i grupper, og fordel oppgavene mellom dere. Hvilken gruppe holder det morsomste foredraget?

n Hvilke tre ting ville det vært viktigst for deg å ha med dersom du skulle jobbe 14 dager på en boreplattform i Nordsjøen? Hver student får en lapp av læreren som de skriver sine tre ting på, men ikke skriv navn på lappen. Læreren samler inn lappene, og så trekker studentene en lapp etter tur, leser opp det som står på den og prøver å finne ut hvem det er som har skrevet lappen ved å stille ja/nei-spørsmål til de andre. Men da må alle holde masken! Husk at sære og originale valg av ting må begrunnes!

o Finn katalogen til *Norsk Filminstitutt*. Bestill en film dere har lyst til å se i klassen.

LEKSJON 21

I siste øyeblikk

Annie stopper brått og går noen skritt tilbake. Så snur hun seg mot Pål og roper:

Annie: Hva skal alt dette bety, Pål? Nå vil jeg ha en forklaring!
Hvorfor har du fått meg opp i dette, og hvorfor måtte Liv Pettersen dø?
Hva er det som er så viktig i dokumentmappa? Narkotika? Penger?
Verdifulle papirer?

Pål: Men, Annie, du har vel aldri for alvor trodd at *jeg* har hatt noe med dette å gjøre?

Han griper henne i armen, men hun river seg løs.

Bøye: Rolig nå, begge to. Jeg lovte at dette skulle være det siste oppdraget, og det løftet skal jeg holde. Dere har vært til stor nytte for meg, men dessverre er dere blitt for farlige til at jeg kan la dere gå nå. Still dere opp mot veggen med hendene over hodet. Kom så, fort!

Annie: Men du kan da ikke bare skyte oss ned her! Vi lover å holde tett med det vi vet hvis du lar oss få slippe. Ingen skal få vite noe som helst. Vær så snill!

Bøye: Det er for seint nå. Politiet i Trondheim er alt på sporet etter meg takket være dere. Jeg har ikke noe valg.

Han tar et par skritt fram og løfter pistolen mot Annie.

Bøye: Takk for hjelpen, «Liv», det var synd at det skulle ende slik. Du kunne ha vært en ideell medarbeider.

Pål: Men stopp litt. Du kommer til å bli tatt før eller seinere, og da er det mer enn nok med *ett* mord på samvittigheten. Hvorfor skyte *oss* ned også?

Bøye: Det er det tryggeste. Så kan jeg komme meg ut av landet i tide. Storebjørn skal ingen få tak i.

Annie: Men vi kan vel i det minste få vite hvordan det henger sammen med Liv Pettersen og den døde studenten og filmene og det hele?

Annie prøver å vinne tid.

Bøye: Liv Pettersen var en svært dyktig journalist her i byen, og hadde fått vite en hel del om mine aktiviteter på Vestlandet. Hun visste alt om oljeutvinningen i Nordsjøen og kunne ha vært svært nyttig for meg, men hun nektet å samarbeide. Jeg tror at hun har samlet stoff til en hel bok om alt som foregår av mer eller mindre lovlige ting ute på oljefeltene og i Nord-Norge, og hun ville ha gitt alt sitt materiale til politiet hvis jeg ikke var kommet hit i tide. Det var egentlig henne jeg skygget på ferga over Hardangerfjorden. Men i kafeteriaen om bord fikk jeg øye på deg og Kari, og jeg tenkte at en utenlandsk jente kunne være nyttig for meg, især fordi hun var fotograf.

Annie: Men hva med gutten på toget til Voss, da?

Bøye: Han ble dessverre et uskyldig offer. Vår mann på toget så at han tok opp noen filmruller fra gulvet under bagasjehylla. Vi trodde at ...

Plutselig hørte de et vindu bli knust og en stemme som ropte: «Bli hvor dere er!» Like etter hoppet flere bevæpnede politifolk inn gjennom vinduet i stua. Sven Bøye prøvde å flykte ut gjennom hoveddøra, men ble stanset av tre politimenn som raskt avvæpnet ham og fikk satt håndjern på ham.

Kort tid etter var politiet i full gang med å undersøke leiligheten. De lette systematisk gjennom alt, men fant ikke noe av interesse før de kom til kjøkkenet. Helt øverst i et skap fant de en stor eske full av lydkassetter.

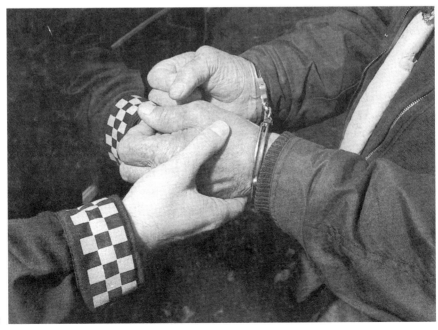

Pågrepet!

Substantiv

m
en vegg
en medarbeider
en samvittighet
en leilighet
en (lyd)kassett

m/f
en/ei forklaring
en/ei nytte
en/ei synd
en/ei oljeutvinning
en/ei eske
en/ei jente

n
et skritt
et løfte
et valg
et oljefelt
et materiale
et offer
et håndjern
et skap
folk (flt.)
et land

Adjektiv
brå
verdifull
tett
snill
ideell
trygg
dyktig
nyttig
lovlig
løs
uskyldig
bevæpnet
systematisk
øverst

Verb
bety
gripe
rive
love
stille
skyte
ende
henge
vinne
nekte
foregå
skygge
knuse
hoppe
avvæpne

Adverb
især
aldri

Kvantorer
alt

Uttrykk
i siste øyeblikk
for alvor
rive seg løs
holde et løfte
skyte ned
være til nytte
holde tett
få slippe
vær så snill
takk for hjelpen
det var synd at
i tide
vinne tid
en hel del
om bord
få øye på
like etter
være i full gang med
stille seg opp
henge sammen

1 Kvantorene *noen/ingen*

m/f	n	flt.
noen	noe	noen
ingen (intet)	ingen	ingenting
= ikke noe	= ikke noe	= ikke noen

Intet blir vanligvis erstattet av *ikke noe* når det står til et substantiv, og av *ingenting* når det står alene.

Ingen er ofte erstattet av *ikke noen/ikke noe* i dagligtale. Dette er obligatorisk når *ingen* er objekt i helsetninger med sammensatt verbal, og i alle leddsetninger enten verbet er sammensatt eller ikke.

Vi kan bruke både *ingen* og *ikke noen*

– når *kvantoren (ingen)* er subjekt:
Eks.   Ingen vet det.
Ikke noen vet det.

Han sier at ingen får komme.
Han sier at ikke noen får komme.

– når *kvantoren (ingen)* er objekt i helsetningen ved enkelt verbal:
Eks.   Jeg så ingen.
Jeg så ikke noen.

Vi kan bare bruke *ikke noen / ikke noe*

– når *kvantoren* er objekt i helsetningen ved sammensatt verbal:
Eks.   Jeg vil ikke spise noe.

– når *kvantoren* er objekt i leddsetningen:
Eks.   Han sier at han ikke ser noen.
Han sier at han ikke har sett noen.

2 Verbet å få

Transitivt verb
Han fikk øye på dem.
De fikk mange penger.
Han fikk tak i billettene.

Hun fikk vondt i foten.
De fikk fint vær på turen.
De fikk lov til å gå ut.

Modalt hjelpeverb
Du får gjøre som du vil.
De fikk vite det.
De fikk gå omkring og se alt de ville.
Får jeg spørre om noe?

Å få noen til å gjøre noe
Han fikk henne til å arbeide for seg.
Han fikk passasjerene til å gå om bord.
Han fikk undersøkt passet.
Hun fikk transportert bagasjen.

Å få til noe/å lykkes i noe
Han fikk ikke åpnet vinduet.
Hun fikk skrevet artikkelen ferdig.

De fikk satt håndjern på ham.
Hun fikk solgt den gamle bilen.
Hun fikk ikke opp esken.

3 *Så/for/altså/nemlig* (se side 74 om *så*)

Konjunksjoner
Jeg fikk ikke opp vinduet, *så* jeg kom for å be deg om hjelp.
Jeg kom for å be deg om hjelp, *for* jeg fikk ikke opp vinduet.

Adverb
Jeg fikk ikke opp vinduet. *Altså* kom jeg for å be deg om hjelp.
Jeg kom for å be deg om hjelp. Jeg fikk *nemlig* ikke opp vinduet.

OPPGAVER

a Hulltekst

B: Arbeidet .... Pål for Sven Bøye?

A: Nei, men jeg .... at det var merkelig at han ville .... det siste .... Han hadde .... både .... og pressekort av ham, og «ulykken» .... vet jeg ikke .... jeg skal ...... på.

B: Hva var det i .... ?

A: Det kan ha vært .... narkotika .... verdifulle papirer, ... kanskje .... deler.

B: Vet du ikke ...... som var i den?

A: Nei, politiet ...... den med seg.

B: Tror du virkelig at Sven Bøye .... å skyte dere?

B: Arbeidet virkelig Pål for Sven Bøye?

A: Nei, men jeg syntes at det var merkelig at han ville utføre det siste oppdraget. Han hadde fått både nøkkel og pressekort av ham, og «ulykken» med motorsykkelen vet jeg ikke om jeg skal tro på.

B: Hva var det i dokumentmappa?

A: Det kan ha vært enten narkotika eller verdifulle papirer, eller kanskje begge deler.

B: Vet du ikke hva som var i den?

A: Nei, politiet tok den med seg.

B: Tror du virkelig at Sven Bøye hadde tenkt å skyte dere?

A: Å ja, det er jeg .... på.

Hadde ikke politiet .... i .... ,

hadde han .... ned.

B: Var du ikke .... ?

A: Jo, det .... ha vært, men jeg

.... det ikke før ....

B: Hvordan .... politiet at dere skulle

til Liv Pettersens .... ?

A: Politiet i Trondheim .... jo at vi

hadde .... kontakt med Sven Bøye

før. De må ha .... etter oss hele

.... , og bare ...... på at han skulle

.... seg igjen.

B: Liv Pettersen .... vært en viktig

person .... han måtte ....

henne.

A: Hun visste ...... om den ....

aktiviteten i Nordsjøen, og han var vel

.... for at hun skulle ....

materialet til politiet.

A: Å ja, det er jeg helt sikker på.

Hadde ikke politiet kommet i tide,

hadde han skutt oss ned.

B: Var du ikke redd?

A: Jo, det må jeg ha vært, men jeg

merket det ikke før etterpå.

B: Hvordan visste politiet at dere skulle

til Liv Pettersens leilighet?

A: Politiet i Trondheim visste jo at vi

hadde hatt kontakt med Sven Bøye

før. De må ha fulgt etter oss hele

veien, og bare ventet på at han skulle

vise seg igjen.

B: Liv Pettersen må ha vært en viktig

person siden han måtte skyte

henne.

A: Hun visste alt om den ulovlige

aktiviteten i Nordsjøen, og han var vel

redd for at hun skulle gi

materialet til politiet.

b Sett inn disse partiklene:

før, gjennom, hos, i, mellom, mot, med, om, opp

Hun gikk ...... bord ...... siste øyeblikk. Leiligheten vendte ...... sør. Skapet stod ...... to

vinduer. De gikk ...... korridoren. Hun kom tilbake ...... ham. Han drar ...... tre timer. Han

har vært borte ...... tre uker. ...... kveld skal vi gå på kino. ...... løpet av vinteren skrev hun

mange artikler. Han løp ...... trappa. Han skjøt ...... vinduet. Han var ...... sin bror. Han fikk

tak ...... mye utstyr. Hun kunne arbeide mange timer ...... trekk. Hun bodde ......

nærheten av brygga. Voss ligger ...... Oslo og Bergen. Han la kursen ...... Bodø. Han slo

...... forbryteren. ...... det samme kom politiet. ...... overmorgen kommer det noen venner

til oss. De skal være ...... oss ...... 14 dager. ...... år har jeg reist mye. Hun kunne lese ......

timesvis. De kjørte ...... en lang gate. De tok bussen ...... stedet. Han kom ikke ...... tide.

Hun lukket ...... døra. ...... natta er det mørkt.

c Kan vi skrive om med *ingen* her?

Det er ikke noen folk på gata.
Ikke noen leilighet har vinduer mot vest.
De har ikke noe valg.
Hun har ikke knust noen glass.
Han har ikke fått noen forklaring.
Hun gav ikke noe løfte.
Han ville ikke ha på seg noe håndjern.
Det var ikke noen arbeidere på dekket.
De spiste ikke noen rundstykker.
Hun sa at hun ikke hadde noen nøkkel.
Hun spurte om det ikke var noe tåke.
Han hadde ikke kjøpt noen pistol.
Hun så ikke noen stripe på teppet.
Hun hadde ikke hørt noen komme.
Ikke noen rett er så lekker.
Ikke noen skal få vite det.
Han forstår ikke noe.
Han sier at han ikke skygger noen.
Hun sier at hun ikke vet noe.
De har ikke funnet noen eske.
Jeg har ikke satt noen kopper i skapet.
Han vil ikke ha noen medarbeider.
De så ikke noe rør.
Hun sa at hun ikke hadde sett noe blod.
Hun kunne ikke høre noen lyd.
Han sa at det ikke var noe lys på gangen.
Hun sa at hun ikke hadde fått noe sår.
Ikke noen kontrast er så skarp.
Hun sier ikke noe.

d Dramatisering

Enten:
Lær replikkene i leksjonen utenat og spill stykket i klasserommet.
eller:
Dramatiser forhøret av Storebjørn etter arrestasjonen. En i gruppa er Storebjørn, og de andre lager spørsmål som de stiller ham.

e Bildet på side 137 er hentet fra plakaten for
a) en spillefilm,
b) en dokumentarfilm om norsk politis daglige arbeid,
c) en opplysningsaksjon mot ungdoms-kriminalitet og narkotika eller
d) en fotoutstilling.
Hva er tittelen, og hva står det ellers på plakaten?
Klassen deles i fire grupper, og hver gruppe velger et av alternativene og lager et forslag til utformingen av plakaten på et A3-ark.

f Vi kan bare se armene til de to personene på bildet. Hvem er de, og hva er bak-grunnen for pågripelsen? Arbeid i grupper, og lag en kort politirapport.

g Hva slags sportsnyheter er viktige i norske aviser denne uka? Intervju hverandre om hva slags sport dere liker best. Skriv så en tekst om din yndlings-sport.

LEKSJON 22

Liv Pettersens historie

Stavanger politikammer holder til i en eldre, grå bygning med Tinghuset som nærmeste nabo, og med en flott utsikt nordover mot byfjorden.

Annie står ved vinduet på kontoret i øverste etasje og ser ut over byen mens politibetjenten gjør klar en kassettspiller og kassettene til Liv. Klokka er bare litt over halv ni. Annie gjesper.

*Sankthansbål
ved sjøen*

Pål: Du må ikke gjespe i dag. Du vet vel hvilken dag det er?

Annie: Er det noe særlig med 23. juni, da?

Pål: Det er sankthansaften og det lyseste døgnet i året. Det er en av årets store festdager, og da brenner vi bål og danser og har det gøy nesten hele natta.

Annie: Og det tror du jeg orker etter alt det som har hendt de siste dagene?

Pål: Vi skal nå se på det. Jeg tenkte vi kunne ta fjordbåten ut til en av de små øyene som du ser over på den andre siden. Vi kan tenne et lite bål for oss selv og grille pølser og koteletter. Jeg *vil* at du skal oppleve en riktig midtsommernatt i skjærgården. Vær så snill, ikke si nei!

Politibetjenten ser opp. Han er klar til å spille av den første kassetten og vil gjerne komme i gang.
De første båndene handler om forholdene i Nordsjøen og er svært tekniske. Men litt ut på den sjette kassetten blir det mer interessant.

Liv: Jeg har lenge hatt mistanke om at det foregikk narkotikasmugling til og fra oljefeltene, men virkelig sikker ble jeg først da jeg oppdaget hvor mange penger Ole Rud hadde mellom hendene. Ole leide et rom hos meg i et par måneder. Han underviste i fransk og hadde nær kontakt med utlendingene her i byen, men han kan umulig ha tjent særlig store summer på de få timene han hadde per uke. Han var ofte ute på oljefeltene og kunne være bortreist i mange dager av gangen. En kveld kom han hjem etter en femdagerstur til København. Han var helt hvit i ansiktet og sa:
«Nei, nå er det slutt! Det er den aller siste gangen jeg gjør denne skittjobben for ham. Det har gått bra hittil, men kontrollen blir strengere og strengere både i tollen og på plattformene, og nå vil jeg ikke mer!»
Først forstod jeg ikke hva han mente, men etter hvert som han fortalte, skjønte jeg at han var blitt truet til å smugle større mengder valuta og narkotika av en som sa at han var politimann.
«Til å begynne med fikk jeg godt betalt for noen enkle småjobber og syntes at det var lettjente penger, men etter hvert krevde han mer og mer av meg. Jeg måtte blant annet bruke den gamle folkevogna mi til transportene, og den ble utstyrt med hemmelige rom både i skjermene, i bensintanken og under setene. Nå er det han som bruker bilen. Selv har jeg ikke sett den på fem-seks uker, og jeg kan jo ikke melde den stjålet heller, slik som den er utstyrt nå.»

Annie: Det er jo Sven Bøye som er «politimannen»! Og folkevogna er gul, jeg har sett den mange ganger.
Betjenten: Du kan ikke tilfeldigvis huske nummeret på bilen?
Annie: Jeg er ikke helt sikker , men jeg tror det var RG 9136 og kanskje et 7-tall.
Betjenten: Hva med Ole Rud, vet du noe om ham?

Annie: Nei, overhodet ikke. Det eneste jeg kan si, er at Liv satt sammen med en mann i kafeteriaen på ferga over Hardangerfjorden. Det var en høy, lys fyr, men om det var Ole Rud, det vet jeg altså ikke.

Betjenten: Nei-nei, men bilen skal vi nok få tak i. Tusen takk for opplysningene. Dere skal høre fra oss hvis det er noe nytt i saken. Er det ellers noe vi kan hjelpe dere med?

Pål: Ja, en ting: Vi skulle gjerne vært på brygga så fort som mulig. Nå er klokka fem på halv ett, og fjordbåten går om ti minutter.

ORDLISTE

Substantiv

m
en nabo
en kassettspiller
en festdag
en fjordbåt
en kotelett
en sankthansaften
en skjærgård
en mistanke
en utlending
en sum
en slutt
en skittjobb
en kontroll
en toll
en valuta
en småjobb
en transport
en skjerm
en bensintank
en fyr

m/f
en/ei midtsommer-
  natt
en/ei smugling
en/ei øy

n
et bål
et bånd
et forhold

et ansikt
et tall

Adjektiv
gøy
riktig
teknisk
umulig
bortreist
streng
enkel
hemmelig
lettjent

Verb
gjespe
brenne
danse
grille
oppdage
leie
undervise
skjønne
kreve
bruke
utstyre
stjele
handle

Adverb
overhodet
hittil
tilfeldigvis
ellers

Uttrykk
gjøre noe klar
noe særlig
ha det gøy
spille av
komme i gang
av gangen
overhodet ikke
etter hvert
til å begynne med
handle om

GRAMMATIKK

1 Artikkelbruk

Substantivet står ofte uten artikkel, både den ubestemte og den bestemte ...

ved verb + substantiv/preposisjonsuttrykk
Eks. Hun kjører med buss.
Hun kommer med båt.
Han tar tog.
Kari har bil.
Skal vi gå på kino?

ved yrkes- eller nasjonalitetsbetegnelse
Eks. Hun er student.
Han er nordmann.

ved substantiv som betegner masse/mengde
Eks. Vann er godt.
Ull er varmt.

ved substantiv + nummerbetegnelse

Eks. Han har plass i vogn nr. 60.
Annie har plass nr. 58.

ved datoer

Eks. Det er mandag 20. juli.

ved titler

Eks. Kong Harald
politifullmektig Strand

2 Tidsuttrykk med *siden/i/på/for*

Ikke avsluttet handling: **perfektum**

siden – fra et gitt tidspunkt i fortida
Jeg har ikke sett ham *siden* sankt-
hansaften.
Han har bodd her *siden* 1982.
Han har ikke jobbet *siden* jul.

i – handlingens varighet
Han har bodd her *i* tre år.
Hun har jobbet *i* flere måneder.
Jeg har kjent ham *i* flere år.

på – varighet med nektelse
Han har ikke bodd her *på* tre år.
Hun har ikke jobbet *på* flere måneder.
Jeg har ikke sett ham *på* flere år.

for – varigheten bestemt på forhånd
Han har leid hytta *for* tre uker.
Han har lånt sykkelen *for* et par dager.

Avsluttet handling: **preteritum**

for ... siden – avstand i tid fra handlingen
Han kjøpte hytta *for* to år *siden*.
Han reiste *for* tre uker *siden*.

i – handlingens varighet
Han bodde her *i* tre år.
Hun jobbet for ham *i* flere måneder.
De ventet *i* mange timer før de reiste.

på – anvendt tid for handlingen
Hun skrev artikkelen *på* fire timer.
Han syklet til byen *på* tre kvarter.

for – varigheten bestemt på forhånd
Han leide hytta *for* tre uker.
Hun lånte sykkelen *for* et par dager.

3 Adverbene *nok, vel, jo*

nok – Han er *nok* kommet hjem nå.
Det er *nok* blindtarmsbetennelse.
Vi skal *nok* få tid til å gjøre det.

vel – Han kommer *vel* tilbake før jul.
Vi skal *vel* reise på fjellet?
Du vil *vel* helst ta fly?
Jeg får *vel* gjøre det selv.
Det er *vel* noe i det.

jo – Han hadde *jo* rett.
Hun ville *jo* reise til Svalbard.
Det var *jo* narkotika i mappa.
Det var *jo* ikke alt som var like
interessant.
Jeg ville *jo* helst ha dradd hjem.

OPPGAVER

a Hulltekst

B: .... du høre kassettene?

A: Ja, men det var ikke ...... som var ....
interessant. .... handlet ......
forholdene i Nordsjøen, og det ....
jeg ikke .... av.

B: Fikk du høre på kassettene?

A: Ja, men det var ikke alt som var like
interessant. De fleste handlet om
forholdene i Nordsjøen, og det forstod
jeg ikke så mye av.

L22
145

B: Men var det ikke .... Sven Bøye?

A: Om ham og om Ole Rud ......

.... Liv.

B: Arbeidet Ole Rud i Nordsjøen?

A: Nei, han var .... i Stavanger, og

han var ...... ute og ....

B: Hadde han .... jobbet ......

Sven Bøye?

A: Han hadde .... noen ....

for ham og .... godt betalt for det

til å .... med, men ....

hvert ble det .... og ....

oppdrag.

Han .... både valuta og narkotika.

B: Og folkevogna?

A: Den var .... Den var blitt ....

med .... rom på flere .... ,

og den siste .... var det Sven Bøye

som .... den.

B: Har politiet .... den?

A: Nei, ikke .... Men det kommer

sikkert ikke til å ta .... tid ...... de

får tak i den, for den ser ....

.... ut med den gule ....

B: Men var det ikke noe om Sven Bøye?

A: Om ham og om Ole Rud som

bodde hos Liv.

B: Arbeidet Ole Rud i Nordsjøen?

A: Nei, han var lærer i Stavanger, og

han var ofte ute og reiste.

B: Hadde han også jobbet for

Sven Bøye?

A: Han hadde gjort noen småjobber

for ham og fått godt betalt for det

til å begynne med, men etter

hvert ble det større og farligere

oppdrag.

Han smuglet både valuta og narkotika.

B: Og folkevogna?

A: Den var hans. Den var blitt utstyrt

med hemmelige rom på flere steder,

og den siste tida var det Sven Bøye

som brukte den.

B: Har politiet funnet den?

A: Nei, ikke ennå. Men det kommer

sikkert ikke til å ta lang tid før de

får tak i den, for den ser veldig

spesiell ut med den gule fargen.

---

b Sett inn *siden/på/i/for*

Han har vært bortreist ...... tre uker. Han

kom ...... en måned .... Hun gjorde

arbeidet ...... fem dager. Hun har vært i

Norge ...... 5. mai. Hun har vært her ......

tre måneder. Han har ikke vært i Frankrike

...... et halvt år. Hun var i Danmark 14

dager. Hun leide en båt ...... to døgn. Hun

gikk turen ...... tre timer. Hun gikk ...... en

stund .... Hun har vært borte ...... flere

timer. Jeg har ikke sett henne ...... onsdag.

Hun lånte utstyret ...... tre uker. Hun var i

England ...... en måned. Hun hadde brukt

alle pengene ...... en uke. Hun hadde tatt

med mat ...... flere dager.

c Sett inn *både* eller *begge*

.... broren og søsteren hans var der.
.... foreldrene kom til festen. Jeg så
.... Kari og broren hennes. ....
ungene liker å leke. .... hunden og
katten liker melk. Jeg hentet .... kof-
fertene. .... bilene var gamle. ....
toget og flyet var fullt. .... bussene
var fulle. .... veska og kofferten var
forsvunnet.

---

d Sett inn: *bak, blant, over, på, siden, til, under, ut, uten, ved*

Klokka var kvart .... fire. Hun sitter
.... ham i bussen. Han liker å være
.... mennesker. Hun holdt ....
med å lese. De satt .... et langt bord.
Hun nådde fram .... flyplassen kl. ni.
Teppet lå .... bordet. Jeg kan ikke være
her .... penger. Hun har sittet her
.... kl. fire. De drog .... kl. åtte.
Han spiller kort .... annet. Heldigvis,
det hele er .... nå. Han holdt ....
å slippe glasset i gulvet. Hun fikk ....
og med penger for det. Jeg er nødt ....
å gå nå. Det blir 57 kr .... sammen.
Hans skrev .... en sjekk. De fikk øye
.... en isbjørn. Det er for kaldt å sitte
her .... jakke. Hun har vært her
.... i morges. Kunne jeg få en kopp
kaffe .... ? Han så .... som et troll.
Vil du være med .... noe gøy?
Støvlene lå .... senga. Hun fylte

.... tollseddelen. De bor .... en
stor elv. Klokka er kvart .... 5. Kan vi
gå .... veien nå? .... å begynne
med var det ingen mennesker der. Har du
lyst .... reker? Kan jeg få lov ....
å sitte her? De kommer .... åtte-tida.
Han ventet .... at butikkene skulle
åpne. Du kan ikke reise .... billett.
.... venner er han alltid vennlig. De
holdt .... på et lite kontor. Har du lyst
.... å sykle? Det er lang tid ....
hun reiste. Velkommen .... Norge.
Ta .... deg jakka. Båten la ....
brygga kl. fire. De kjørte .... en katt.
Hun rev .... bildene av arkivet. Jeg har
kjent ham .... 1981. Bergen ligger
.... sjøen. Du må holde deg ....
avstand. Jeg fant ingen roman ....
bøkene. De er vant .... å gå i fjellet.
Han er .... vei til kontoret. De kjørte
.... fjellet. Hun la seg .... å sove.
Han satt .... taket. Hun la ....
røret. Hun arbeidet .... huset. Har du
lyst .... å svømme? Kan du ikke slå
.... tv-en? Hun fant ikke fram ....
huset. Legg jakka .... deg ....
stolen. Båten ligger .... brygga. Jeg
har ikke hørt fra henne .... hun reiste.
De er på vei .... Oslo. Hva er det du
finner .... ? Kan jeg være ....
nytte? De kommer først litt .... i uken.
De drog .... tross for været. Hun
kjente ham ikke igjen .... skjegg.

e Skriv en tekst

Lag en humoristisk tekst, eller en spennende tekst, hvor du bruker fem av de ti uttrykkene du finner nedenfor.

de dyre barene
gamle heiser
vennlige blikk
de hyggelige fyrene
hurtige skritt
skarpe lys
høye tårn
flotte barter
de skarpe lydene
de lange gangene
de lekre rettene

f Skal det være artikkel?

Skriv ned de setningene hvor den ubestemte artikkelen må være med.

Hun går på (skole).
De kommer med (ferge).
De har (gammel bil).
Hun har (blindtarmsbetennelse)
Han er (student).
(Fransk) er vanskelig.
Vi spiller (fotball).
De går (tur).
De tar (buss) nr 83.
De bor på (pensjonat).
Han drikker (øl).
Har du (hytte)?
Det er (mandag).
Jeg har ikke (tid).
De kjøpte (stor bil).
Har du (sykkel)?
Han elsker (romansk arkitektur).
Hun liker (engelske filmer).
Leser du (fransk litteratur)?
Han selger (brød).
De har (ferie).
(Doktor) Vik kommer snart.

g Er det spesielle sommerfester eller tradisjonell bruk av bål i landet du kommer fra? Du er på ferie i ditt eget land og skriver et brev til en venn i Norge.

h Paret i forgrunnen på bildet på side 142 sitter og snakker sammen mens de ser bålet brenne. Hva tenker de, og hva sier de til hverandre? Arbeid i grupper på tre, og skriv en dialog mellom de to personene hvor du også legger inn det som de tenker. Skriv tankene deres i parentes i teksten. Hver gruppe leser sin tekst høyt for de andre. To av studentene i gruppa er de to personene på bildet, og den tredje leser tankene deres med lav stemme.

i Skriv et lite dikt eller en lyrisk kortprosatekst med utgangspunkt i bålets flammer. Ikke sett tittel på teksten! Arbeid to og to, og så leser hver gruppe opp sitt dikt. Så prøver de andre i klassen å finne en tittel som passer til hvert av diktene.

j Den lille gutten med lyst hår midt i bildet sitter også og ser på bålet. Hva tenker han på? Skriv en indre monolog, og husk at han bare er seks år gammel!

k Foredrag

Hvorfor og hvordan feirer man <u>midtsommer/sankthans</u> i Norden? Lag et foredrag.

LEKSJON 23

På fjellet

Tømmerhytte i Gudbrandsdalen

Etter en fantastisk sankthansaften i skjærgården utenfor Stavanger, reiste Annie og Pål for å slappe av på fjellet sammen med Kari og broren hennes. Hytta lå tre mil nordvest for Hol, og Gunnar, Karis bror, hentet dem på stasjonen. Nede i Hol var det solskinn og varmt, men det ble raskt kjøligere så snart de kom høyere opp. Innen de kom opp på høyfjellet, stoppet de ved en bensinstasjon så de kunne få fylt bensin og sjekket oljen og dekkene. Veien var mye dårligere innover fjellet, og det var langt til folk dersom de skulle få problemer med bilen.

Hytta lå over tregrensa helt for seg selv, og rundt omkring vokste det dvergbjørk og lyng. Like ved lå det et lite tjern, og et stykke lenger borte gikk det kyr og sauer og beitet.

Både Kari og Gunnar elsket å fiske, og det var ørret i hvert eneste fjellvann, så fersk fjellørret var hverdagsmat hos dem.

Annie og Pål nøt de rolige dagene på fjellet. De gikk lange turer hver dag selv om været ikke alltid var så godt, og de hadde alltid fiskestanga med seg.

Lørdag kveld satt de foran peisen og snakket.

Annie: Det er merkelig, men nå er det som om alt som skjedde i
Nord-Norge og i Stavanger er helt uvirkelig. Det er som en vond drøm.

Kari: Jeg kan ikke la være å tenke på studenten som ble funnet død.
Arbeidet han også for Sven Bøye?

Annie: Jeg forstår faktisk ikke hvorfor han ble drept. Noen av Sven Bøyes
folk må ha fulgt etter meg på toget fra Bergen og sett at jeg snakket
med Jan-Erik. Seinere må de ha sett at Jan-Erik tok opp filmene
mine fra gulvet. De har sikkert vært redde for at Jan-Erik skulle prøve
å ta kontakt med meg igjen. Kanskje de trodde at det var noe mer
interessant på filmene enn geiter, og at det kunne brukes mot meg på
en eller annen måte. Stakkars Jan-Erik! Hadde han bare latt filmene
ligge, så hadde han vært i live i dag.

Klokka 22 slo Gunnar på radioen, og like etter at værmeldingen var
ferdig, hørte de:

«Politiet i Kristiansand arresterte i ettermiddag en 37 år gammel
mann idet han skulle kjøre om bord på danmarksferga i en folkevogn
av eldre modell. Siden man i lengre tid har vært på utkikk etter en gul
folkevogn i forbindelse med Storebjørn-saken, tok tollbetjentene ham
til side, og det viste seg at bilens papirer var falske, og at bilen var blitt
malt grå for kort tid siden. I et hemmelig rom under setet fant man
en plastpose med over fire millioner kroner. Politiet mener at
pengene må være betaling for smuglet narkotika, og at det ikke vil
vare lenge før Storebjørn-saken er helt avsluttet.»

ORDLISTE

Substantiv

m
en bensinstasjon
en bensin
en sau
en ørret
en hverdagsmat
en peis
en radio
en modell
en forbindelse
en million
en måte

m/f
en/ei tregrense

en/ei dvergbjørk/
dvergbjerk
en/ei bjørk/bjerk
en/ei fiskestang
en/ei værmelding
en/ei ku

m/n
en/et lyng

n
et høyfjell
et dekk
et problem
et tjern
et fjellvann

Adjektiv
utrolig
kjølig
uvirkelig
falsk
stakkars

Verb
vokse
beite
fiske
nyte
drepe
arrestere
male
avslutte

Subjunksjoner
så snart

innen
som om
for at
etter at
så

Uttrykk
stakkars ...

være i live
være på utkikk etter
i forbindelse med
til side
la være å
på en eller annen
  måte
slappe av

GRAMMATIKK

1 Subjunksjoner

Tid

da	Da han kom, regnet det.
når	Når det regner, går jeg ikke ut.
mens	Jeg så tv mens han leste.
før	Hun spiste middag før hun gikk.
til	Jeg venter til alle er ferdige.
inntil	Jeg ventet inntil klokka ble åtte.
så snart (som)	Vi går ut så snart (som) det slutter å regne.
idet	Hun stanset idet klokka slo fire.
etter (at)	Etter at vi hadde spist, gikk vi ut.
siden	Han har vært syk siden han kom hjem fra Amerika.
innen	Du må komme innen kontoret stenger.

Årsak

fordi	– Han gjorde det fordi han hadde lyst til det.
da	– Da det ikke var noen plass ledig, måtte han stå.
ettersom	– Ettersom flyet var gått, måtte de ta toget.
siden	– Siden buksene var blitt ødelagt, ville hun kjøpe en ny.

Følge

så	– De spilte piano så jeg ikke fikk sove.
så at	– Han spiste så fort at han fikk vondt i magen.
slik at	– Han arbeidet lenge slik at det var mørkt da han kom hjem.

Betingelse

hvis	– Hvis du vil, kan jeg hjelpe deg.
dersom	– Dersom det blir fint vær, kan vi ta en tur.
bare	– Bare han kommer i tide, kan vi reise sammen.
om	– Vi kan gå på teater om du heller vil det.

Innrømmelse

selv om	– Selv om du gav meg tusen kroner, ville jeg ikke gjøre det.
til tross for at	– De gikk ut til tross for at det regnet.
trass i at	– Hun sa ja trass i at det ikke var det hun ville.

Hensikt

for at	– Jeg gjorde det for at vi skulle bli venner igjen.
så	– Hun tente på peisen så det skulle bli varmere.
slik at	– Hun tok av seg støvlene slik at de ikke skulle høre når hun gikk ut.

Sammenlikning

som om	– Han ropte som om han var redd for noe.
slik som	– Det gikk slik som jeg hadde sagt.
som	– Som man roper i skogen, får man svar.
jo ... desto	– Jo mer han prøvde, desto verre gikk det.

2 Alle funksjoner av *så* (se s. 74)

Konjunksjoner
Lyset var tent, så jeg kunne ikke sove. (følge)

Subjunksjoner
De lukket døra så jeg ikke skulle få komme inn. (hensikt)

Døra var lukket så jeg ikke kunne komme inn. (følge)

Adverb
Så tente hun lyset. (deretter/etterpå)

Etter leddsetning
Hvis lyset er tent, så får jeg ikke sove. (ikke obligatorisk)

Verbet å se i preteritum
Jeg så at hun gikk.

OPPGAVER

a Hulltekst

B: .... ligger hytta til Kari og Gunnar?

A: Den ligger et par .... for Hol.

B: Går det .... ?

A: Nei, ikke .... til hytta.
Gunnar kom og .... oss med ......
på stasjonen i Hol, og så ....
sammen til hytta.

B: Ligger hytta .... ?

A: Ja, ... ligger på litt over 1100 meter,
og det er over ....

B: .... det ikke annet enn gress der, da?

A: Å jo, da. Det vokser .... dverg
bjørk og ....

B: Hva .... dere ...... fjellet?

A: Vi gikk .... og fisket, og ......
.... hadde vi det .... foran
peisen.

B: Fjellørret er godt, ikke sant?

A: Jo, helt ....

B: Jeg hørte på .... at politiet har
fått .... folkevogna. Men den er jo
ikke ....

A: Ikke nå, nei, men ...... var gul ...... jeg
så den. De må ha ...... den grå ....
politiet ikke skulle kjenne ....

B: Hvor ligger hytta til Kari og Gunnar?

A: Den ligger et par mil nordvest for Hol.

B: Går det buss dit?

A: Nei, ikke helt fram til hytta.
Gunnar kom og hentet oss med bil
på stasjonen i Hol, og så kjørte vi
sammen til hytta.

B: Ligger hytta høyt?

A: Ja, den ligger på litt over 1100 meter,
og det er over tregrensa.

B: Vokser det ikke annet enn gress der, da?

A: Å jo, da. Det vokser både dverg-
bjørk og lyng.

B: Hva gjorde dere på fjellet?

A: Vi gikk turer og fisket, og om
kvelden hadde vi det hyggelig foran
peisen.

B: Fjellørret er godt, ikke sant?

A: Jo, helt nydelig.

B: Jeg hørte på radioen at politiet har
fått tak i folkevogna. Men den er jo
ikke gul.

A: Ikke nå, nei, men den var gul da jeg
så den. De må ha malt den grå for at
politiet ikke skulle kjenne den igjen.

---

b Sett inn *da* eller *når*

Om sommeren ...... været er fint, liker vi å
dra til stranda. I fjor vinter ...... det var mye
snø, drog vi ofte på fjellet. Hva skal du
gjøre ...... du kommer til Norge? ...... jeg
kom hjem i går kveld, var det ingen
hjemme. ...... kommer han tilbake? Vi
spiser middag ...... Tor kommer hjem.

...... det blåser, liker jeg ikke å sykle. ...... vi leide bilen, var den ikke i orden. Vi fikk problemer med bilen ...... vi kjørte gjennom Sverige. Det er mange som er redde ...... det er mørkt. Det var tykk tåke ...... jeg kjørte hjem i går kveld. Du må komme og hilse på meg ...... du kommer til Norge. ...... de kom ut på gata, var det allerede blitt mørkt. ...... var det vi så hverandre sist? Det var den gangen ...... du kom med toget fra Røros. ...... jeg kommer til Bergen, vil jeg hilse på mine gamle venner.

c Sett inn subjunksjoner eller konjunksjoner

Jeg fisker ørret ...... jeg går i fjellet. Hun har vondt i armen ...... hun bar koffertene. Han spiste ...... han ikke hadde sett mat på flere år. Vi må kjøpe billetter ...... vi kan reise. Hytta var ...... lita at vi måtte sove på gulvet. Jeg venter ...... alle har gått ut av bussen. ...... veska var liten, tok hun den med i kabinen. ...... du kommer i ettermiddag, skal du få bløtekake. ...... jeg reiste til Danmark, var jeg syk. Hun tente på peisen ...... det skulle bli hyggeligere. Vi går ut ...... alle er kommet. Hun spiste maten ...... hun var sultet. Han skjøt isbjørnen ...... han ikke hadde lov til det. Han kjørte ...... fort at jeg ble syk av det. Man bør ikke bruke pistol ...... man ikke kan skyte. Bremsene virket ikke ...... han hadde reparert dem. ...... han gikk ut av bilen, så

han henne. ...... du kommer før kl. 12, så er døra åpen. Jeg henter bagasjen ...... du kjøper billetter. ...... vi hadde drukket kaffe, gikk vi ut. Jeg skal gå en tur med hunden ...... vi drar. Vi fortsetter ...... det slutter å regne. Hun laget mye mat ...... vi ikke skulle sulte. ...... vi var på fjellet den vinteren, gikk vi på tur hver dag. ...... han ikke var kommet, gikk hun på kino alene. Du må starte motorsykkelen ...... jeg har sagt. Han leste en avis ...... han ventet på henne. De slukket lyset ...... jeg ikke kunne se noe. Du må vente ...... alle er kommet. ...... mer han leste, ... mer interessert ble han. Hun stanset ...... han kom inn døra. Du kan bo her ...... vi ikke er hjemme. ...... han kom inn døra, så han at hun ikke var der. ...... det ikke var flere pannekaker igjen, tok hun en vaffel.

d Hvilken funksjon har *så* her?
(Subj., konj., adv., etter leddsetn., verbet *se* i pret. – se side 151.)

Hun lukket døra *så* jeg ikke skulle se henne.

Først tok hun nøkkelen, *så* låste hun opp.

Bilen var ikke i orden, *så* jeg kunne ikke komme.

Døra var låst, *så* hun ikke kom inn.

Hvis det er isbjørner der, *så* vil jeg ikke komme.

Han *så* at hun lukket vinduet.

Han lånte meg jakka si *så* jeg ikke skulle fryse.

Hun hadde ikke lagt papirene på skrivebordet, *så* det var ikke lett å finne dem.

Hun hadde lagt kassettene i skapet *så* han

ikke skulle finne dem.

Jeg hadde ingen bagasje, *så* jeg trengte

ikke å ta drosje.

Har du mye bagasje, *så* skal jeg hjelpe deg.

---

e Annie skriver dagbok

Annie er begeistret for den ville naturen i
den norske fjellheimen. Hun skriver en
poetisk tekst i dagboka si.

---

f Studer hytta på bildet på side 149 og det
som du ser på forsiden av den. Velg tre av
detaljene som du kan se, og noter hvor de
kommer fra og hvorfor de er akkurat her.
Arbeid to og to, og sammenlikn deretter
forslagene fra hver gruppe. Er det en be-
stemt gjenstand som flere grupper har
interessert seg for? Og i så fall hvorfor?
Diskuter dette i samlet klasse.

---

g Hvem bor i denne hytta akkurat nå?
Lag notater til en muntlig presentasjon av
personene og hva de gjør på hytta osv.
Arbeid to og to og sammenlikn notatene i
samlet klasse. Er det noe på bildet som gjør
at gruppene oppfatter personene på hytta
på forskjellig måte? Forklar!

h Få tak i en katalog fra et hytteutleiefirma.
Du skal finne en hytte som passer for
a) et ungt par på ferie sammen for første
gang,
b) en familie med to små barn under 5 år,
c) en familie med to tenåringsbarn pluss to
av deres venner,
d) et eldre ektepar uten barn.

Hvilken hytte vil du foreslå for hver av
dem? Forklar hvorfor. Arbeid sammen i
grupper, og presenter forslagene for resten
av klassen.

i Finn hjemmesiden til <u>Den Norske
Turistforening</u>. Planlegg en tur fra hytte til
hytte i Norge.

LEKSJON 24

Epilog

Storebjørn-saken ble først avsluttet i september. Mer enn tjue personer ble arrestert, og det var en av de største narkotikasakene politiet noen gang hadde hatt.

Annie hadde måttet bli i Oslo som vitne i saken, og det var kommet en journalist fra Dagbladet for å lage et langt intervju med henne. Dessuten hadde hun fått et tilbud fra et kjent forlag, som ville gi ut en bok om historien hennes, så hun ville få mer enn nok å gjøre for en god stund framover. Noen kvelder i uka underviste hun i fransk på Friunder-visningen. Lønnen var ikke særlig høy, men hun håpet å kunne tjene litt som frilansfotograf, og kanskje skrive noen artikler for en fransk avis ved siden av.

Pål søkte jobb som arkitekt, men det var ikke mange ledige stillinger på markedet. I slutten av august ble det utlyst en stilling ved byplankontoret i Oslo, og Pål sendte inn en søknad uten særlig håp. Byplanlegging var noe av det han var aller mest interessert i, og han krysset fingrene da han la søknaden i postkassa.

Karl Johans gate og Slottet i Oslo

Det gikk flere uker, og Pål hadde nesten gitt opp håpet da han plutselig fikk telefon fra byplansjefen. Pål stod som nummer tre på søkerlista, og de to andre søkerne hadde trukket seg. Snakk om flaks! Dagen etter var Pål til et kort intervju med byplansjefen, og så var jobben hans.

Pål og Annie hadde bestemt seg for å flytte sammen dersom de begge to kunne få jobb i samme by. Nå gjaldt det altså bare å finne en bolig.

De brukte hele september måned på å se etter leilighet. Prisene i boligmarkedet lå høyt, og det var dyrt med boliglån, så de ville helst ikke kjøpe i første omgang.

En av Annies kolleger på Friundervisningen fortalte en dag at han kjente noen som skulle flytte til Sverige, og de ville leie ut leiligheten sin for et par år. Annie ble straks interessert. Hun fikk adressen, og 27. september drog hun og Pål for å se på leiligheten.

Det var en treroms leilighet som lå et stykke nordøst for sentrum med utsikt over byen og fjorden. Stua var lys og hyggelig med to store vinduer som vendte mot sør. Kjøkkenet var nokså trangt, men både soveværelset og arbeidsværelset var romslig. I kjelleren var det en bod som Annie kunne innrede til mørkerom.

Kontrakten ble underskrevet samme kveld, og ti dager seinere kunne de flytte inn.

Flyttingen gikk fort, for de hadde ikke mange møbler. De kjøpte en sofa på IKEA, og spisebord og stoler fant de på loppemarked.

20. oktober var det klart for innvielsesfest. Kari og Gunnar var selvsagt invitert. Grete og Nils fra Brekstad, Tor fra Kristiansand og Annies kollega på Friundervisningen skulle også komme. Rundt spisebordet var det så vidt plass til åtte.

Etter at de hadde spist lammestek, og desserten var kommet på bordet, sa Grete:

Grete: Har du ikke hatt problemer med å få oppholdstillatelse og arbeidstillatelse, Annie?

Annie: Jo, først hadde jeg tre måneders oppholdstillatelse som turist. Den fikk jeg forlenget på grunn av Storebjørn-saken, men nå har jeg søkt om oppholds- og arbeidstillatelse for et helt år. Jeg håper det går i orden.

Kari: Dere kan jo gifte dere.

Annie: Vi har ikke tenkt å gifte oss, i alle fall ikke foreløpig.

Pål: Men hvis vi blir nødt til det for at Annie skal få bli i Norge, gjør vi det selvsagt, ikke sant, Annie?

Annie: Jo, vi får se. Husk vi har bare kjent hverandre i noen få måneder.

Tor: Jeg husker godt da du kom med ferga til Kristiansand. Det er utrolig så mye som er skjedd siden den gang, og det er ikke en gang seks måneder siden.

Annie: Nei, jeg hadde aldri trodd at det skulle gå sånn! Norge er jommen et farligere land enn jeg trodde, og troll finnes, det vet jeg nå.

ORDLISTE

Substantiv

m
en søknad
en sjef
en byplansjef
en søker
en flaks
en frilansfotograf
en pris
en kollega
en kjeller
en bod
en kontrakt

en flytting
en sofa
en innvielsesfest
en dessert
en oppholds-
   tillatelse
en arbeidstillatelse

m/f
en/ei postkasse
en/ei søkerliste
en/ei lønn
en/ei stilling
en/ei byplanlegging
en/ei lammestek/
   lammesteik

n
et vitne
et intervju
et marked

et byplankontor
et håp
et boligmarked
et boliglån
et lån
et værelse
et soveværelse
et arbeidsværelse
et mørkerom
et møbel
et spisebord
et loppemarked

L24

Adjektiv	**Adverb**
romslig	allerede
selvsagt	straks
vanskelig	dessuten
	jommen
Verb	særlig
søke	
utlyse	**Uttrykk**
krysse	søke stilling
trekke seg	krysse fingrene
flytte	gi opp håpet
innrede	flytte sammen
underskrive	ikke særlig høy
forlenge	i første omgang
gifte seg	så vidt
	på grunn av
	i alle fall
	gi opp

GRAMMATIKK

1 Preposisjoner ved genitivsuttrykk

til

(possessiv) –	Motorsykkelen til Pål.
	Brillene til Sven.
(definerende) –	Broren til Kari.
	Skuespillene til Ibsen.

på

(partitiv) –	Hodet på katten.
	Hjulene på bilen.
	Taket på huset.
	Luka på postkassa.
(definerende) –	Prisen på båten.
	Fargen på jakka.
	Nummeret på huset.
	Navnet på byen.

i

(partitiv) –	Trærne i skogen.
	Luka i døra.
(definerende) –	Trærne i skogen.
	Innbyggerne i landet.
	Presidenten i Frankrike.
	Hovedstaden i Norge.

av

(objektiv) –	Eieren av huset.
	Leseren av boka.
(subjektiv) –	Betydningen av ordet.
	Innholdet av rapporten.
(partitiv) –	Kanten av veien.
	Slutten av boka.
	Toppen av fjellet.
	Hodet av fisken.

for

(definerende) –	Lederen for avdelingen.
	Sjefen for teateret.
	Representanten for arbeiderne.

2 Alle typer om

om vinteren	– *gjentakelse*
om morgenen	
om to uker	– *framtid*
Han spør om jeg kommer.	– *subjunksjon*
en bok om Norge	– *preposisjon*

OPPGAVER

a Hulltekst

B: Når ble Storebjørn-saken .... ?

A: Den ble ikke avsluttet ....
september.

B: Var det .... som ble arrestert?

A: Ja, ... 20 personer. Jeg var
.... i saken, så .... være i
Oslo hele tida.

B: Jeg leste ...... deg i Dagbladet ...... en
uke ....

A: Men vet du, det er et stort i
Oslo som vil ...... ut historien ....

B: Har du skrevet en bok om ......
.... ?

A: Nei, jeg har bare .... begynt.
Jeg skal .... den ferdig ......
vinteren. Da får jeg ...... tid.

B: Har du .... i Oslo?

A: Ja, jeg underviser .... på
Friundervisningen.

B: Har Pål fått jobb .... ?

A: Han fikk en god jobb på
.... Snakk om .... !

B: Har dere tenkt å .... ?

A: Ikke .... Men hvis vi blir
.... til det for at jeg skal få
.... , så .... det.

B: Når ble Storebjørn-saken avsluttet?

A: Den ble ikke avsluttet før i
september.

B: Var det mange som ble arrestert?

A: Ja, over 20 personer. Jeg var
vitne i saken, så jeg måtte være i
Oslo hele tida.

B: Jeg leste om deg i Dagbladet for en
uke siden.

A: Men vet du, det er et stort forlag i
Oslo som vil gi ut historien min.

B: Har du skrevet en bok om den
allerede?

A: Nei, jeg har bare så vidt begynt.
Jeg skal skrive den ferdig til
vinteren. Da får jeg mer tid.

B: Har du fått jobb i Oslo?

A: Ja, jeg underviser noen timer på
Friundervisningen.

B: Har Pål fått jobb også?

A: Han fikk en god jobb på
byplankontoret. Snakk om flaks!

B: Har dere tenkt å gifte dere?

A: Ikke foreløpig. Men hvis vi blir
nødt til det for at jeg skal få
oppholdstillatelse, så gjør vi det.

b Skriv om til genitivsuttrykkk med preposisjon
Eks. *kattens hode – hodet på katten*

guttens jakke
bussens sjåfør
bilens nummer
treets topp
husets kjøper
hundens øye
arbeidernes representant
barnets alder
bokas innhold
båtens eier
byens innbyggere
mannens klær
avdelingens leder
flyets farge
verkets arbeidere
jentas armer
artikkelens innhold
studentens bøker
husets vinduer
flyplassens leder
mannens knær
håndens fingrer
bokas leser
bilens pris
avisas lesere
lærerens leilighet
universitetets studenter
fjellets fugler
vinduets kant
bilens skjerm
guttens sykkel
utstyrets bruker
guttens føtter
sykehusets leder
husets eier
presidentens menn
ørretens hode
sykkelens hjul
døras nummer
torgets blomster
anleggets sjef
historiens begynnelse

c Hvilken funksjon har *om* her?
(gjentakelse, framtid, sub., prep. utt.
-– se s. 158)

Han reiser *om* en uke.
Hun skrev en artikkel *om* samene.
Hun spør *om* det er mye snø der.
Skolen begynner *om* høsten.
Bussen går tidlig *om* morgenen.
Han leste en rapport *om* priser.
Han spurte *om* de hadde spist.
Om vinteren er det kaldt.
Jeg drikker te *om* ettermiddagen.
Det er en bok *om* Nordsjøen.
Han kommer tilbake *om* en måned.
Jeg orker ikke arbeide *om* natta.

d Skriv om til entall
to små barn
mange gode bøker
mange små brødre
ti høye menn
mange lyse netter
mange høye stenger
mange små feil
mange merkelige steder
mange lange fingrer
noen viktige ting
to kalde føtter
mange høye trær
to smale hender
to lange vintrer
noen gamle klær
to blå øyne
to små øyer
noen vonde knær

e Du er fotograf og skal ta bilder til en reportasje som skal presentere Karl Johans gate gjennom et helt år. Du reiser til Oslo fire ganger i løpet av ett år, og hver gang bor du på Grand hotell til høyre på bildet på side 156. Du tar fire bilder av gatebildet fra nøyaktig det samme stedet, nemlig fra balkongen til hotellrommet ditt, og bildene tas den 23. mars, den 23. juni, den 23. september og den 23. desember. Beskriv hva du ser på hvert av de fire bildene. Husk at det er en kraftig zoom på apparatet ditt! Arbeid i grupper på fire.

f Du (fotografen i oppgaven ovenfor) har en god venn hjemme som du skriver e-post til fra hotellets Internett-terminal dagen etter at hvert av bildene er tatt. Hva skriver du? Hver av studentene i gruppa velger ett av tidspunktene og arbeider individuelt. Så leser dere opp e-posten fra alle de fire tidspunktene i kronologisk rekkefølge. Har fotografen opplevd mye fint i Oslo? Og hva slags person tror dere at han er utifra det han skriver til vennen? Og kanskje han har forandret seg i løpet av året? Diskuter i gruppa.

g Søknad
Klipp ut stillingsannonser fra en avis eller let opp annonser på Internett og skriv søknader til dem.

h En kveld på byen
Arbeid sammen i grupper. Hver gruppe planlegger en kveld på byen ut fra annonser for kino, teater, konserter, utstillinger, restauranter osv.

GRAMMATISK EMNELISTE

SUBSTANTIV

Valgfrie m/n: aluminium, kilo, kryssord, lyng, gøy, slags

Valgfrie m/f/n: gardin

Valgfrie m/f:

adressebok	grensevakt	natt	søkerliste
avdeling	gruppe	nattevakt	søster
avis	havflate	novelle	tekst
bakdør	historie	nytte	tid
betaling	hjelp	olabukse	trapp
bjørk	hylle	oljeutvinning	tregrense
bløtkake	hytte	oppgave	tåke
bok	hånd	pakke	uke
boreplattform	jakke	panne	ulykke
bremse	jakt	pannekake	vakt
brille	jente	postkasse	vaktluke
brygge	kake	presse	veske
bukse	kantine	prisliste	vogn
dame	kasse	pølse	værmelding
drosje	kjøkkendør	reke	øy
drukning	klokke	rolle	
dvergbjørk	kriminalsak	sak	
dyne	krone	seng	
dør	kone	side	
elv	ku	skinke	
eske	kullgruve	skjorte	
ferge	køye	sol	
fiskestang	liste	spionsak	
flaske	lomme	stang	
flate	lue	stavkirke	
folkevogn	luft	steinkirke	
for tiden	luke	stilling	
forklaring	lyst	strand	
forsikring	lærjakke	stripe	
Friundervisningen	lønn	stue	
frukt	melk	stund	
gate	midnattsol	sykepleierske	
geit	midtsommernatt	synd	
grense	morgenkåpe		

Uregelmessige substantiv

(Intetkjønnsord på én stavelse og sammensatte substantiv er ikke tatt med.)

Alle intetkjønnsord har i bestemt form flertall valgfritt *-a* eller *-ene*.
Bare *-ene*-formene er ført opp her.

(22)	et ansikt	ansiktet	ansikt/ ansikter	ansiktene
(18)	et arkiv	arkivet	arkiv/arkiver	arkivene
(8)	en arbeider	arbeideren	arbeidere	arbeiderne
(11)	et barn	barnet	barn	barna
(7)	en/ei bok	boken/-a	bøker	bøkene
(2)	et bord	bordet	bord/border	bordene
(14)	en bror	broren	brødre	brødrene
(12)	en drøm	drømmen	drømmer	drømmene
(13)	et ekorn	ekornet	ekorn	ekornene
(20)	en fakkel	fakkelen	fakler	faklene
(12)	en feil	feilen	feil	feilene
(12)	en forbryter	forbryteren	forbrytere	forbryterne
(14)	en forelder	forelderen	foreldre	foreldrene
(7)	en forfatter	forfatteren	forfattere	forfatterne
(13)	et forhold	forholdet	forhold	forholdene
(16)	en fot	foten	føtter	føttene
(3)	et fotoapparat	apparatet	apparat/ apparater	apparatene
(20)	et helikopter	helikopteret	helikopter/ helikoptre	helikoptrene
(3)	en himmel	himmelen	himler	himlene
(12)	et hjem	hjemmet	hjem	hjemmene
(19)	en hovedstad	hovedstaden	hovedsteder	hovedstedene
(19)	en hybel	hybelen	hybler	hyblene
(16)	ei/en hånd/hand	hånden/-a/handa	hender	hendene
(18)	en idé	ideen	ideer	ideene
(14)	en kafé	kafeen	kafeer	kafeene
(2)	et kart	kartet	kart/karter	kartene
(5)	en/et kilo	kiloen/-et	kilo	kiloene
(3)	en kilometer	kilometeren	kilometer	kilometerne
(24)	en kjeller	kjelleren	kjellere	kjellerne
(16)	et klesplagg (et klede | klesplagget kledet)	klær	klærne
(16)	et kne	kneet	knær	knærne
(24)	en kollega	kollegaen kollegaer	kolleger/ kollegaene	kollegene
(11)	et kontor	kontoret	kontor/kontorer	kontorene
(23)	ei/en ku	kua/kuen	kyr/kuer	kyrne/kuene
(8)	et kvarter	kvarteret	kvarter	kvarterene
(17)	et landskap	landskapet	landskap/ landskaper	landskapene
(8)	en leder	lederen	ledere	lederne
(5)	en liter	literen	liter	literne

(1)	en lærer	læreren	lærere	lærerne
(4)	en mann	mannen	menn	mennene
(11)	et medlem	medlemmet	medlemmer	medlemmene
(15)	et miljø	miljøet	miljø/miljøer	miljøene
(24)	et møbel	møblet/møbelet	møbler	møblene
(14)	et narkotikum	narkotikumet	narkotika	narkotikaene
(11)	en/ei natt	natten/-a	netter	nettene
(13)	en nordmann	nordmannen	nordmenn	nordmennene
(2)	et nummer	nummeret	nummer/numre	numrene
(20)	en nøkkel	nøkkelen	nøkler	nøklene
(21)	et offer	offeret	offer/ofre	ofrene
(19)	et oppdrag	oppdraget	oppdrag	oppdragene
(11)	et opphold	oppholdet	opphold	oppholdene
(10)	et papir	papiret	papir/papirer	papirene
(18)	et politikammer	-kammeret	-kammer/-kamre	-kamrene
(6)	et postkontor	-kontoret	-kontor/-kontorer	-kontorene
(23)	et problem	problemet	problem/problemer	problemene
(2)	et rom	rommet	rom	rommene
(13)	en russer	russeren	russere	russerne
(6)	en seddel	seddelen	sedler	sedlene
(20)	et sekund	sekundet	sekund/sekunder	sekundene
(5)	et sentrum	sentret	sentre/sentra	sentrene/sentraene
(12)	et skilt	skiltet	skilt/skilter	skiltene
(7)	et skuespill	skuespillet	skuespill	skuespillene
(18)	en skulder	skulderen	skuldrer	skuldrene
(20)	et slam	slammet		
(4)	et smørbrød	smørbrødet	smørbrød	smørbrødene
(18)	et spørsmål	spørsmålet	spørsmål	spørsmålene
(16)	en/ei stang	stangen/-a	stenger	stengene
(2)	et sted	stedet	steder	stedene
(16)	en støvel	støvlen	støvler	støvlene
(22)	en sum	summen	summer	summene
(16)	en sykkel	sykkelen	sykler	syklene
(24)	en søker	søkeren	søkere	søkerne
(4)	en te	teen	teer	teene
(10)	et teater	teateret/teatret	teater/teatre	teatrene
(15)	en ting	tingen	ting	tingene
(3)	et tre	treet	trær	trærne
(16)	en tøffel	tøffelen	tøfler	tøflene
(12)	et uhell	uhellet	uhell	uhellene
(4)	en vaffel	vaffelen	vafler	vaflene
(13)	en vinter	vinteren	vintrer	vintrene
(4)	en øl	ølen	øl	ølene
(6)	en øre	øren	øre	ørene
(16)	et øye	øyet	øyne/øyer	øynene/øyene

VERB

Svake verb gruppe 1 (-a/-et)
Eks. *vente – venter – ventet/venta – har ventet/venta*

(23)	avslutte
(21)	avvæpne
(12)	banke
(23)	beite/beitte
(16)	brette
(22)	danse
(7)	elske
(17)	flykte
(24)	forlenge
(17)	forstyrre
(20)	friste
(24)	gifte seg
(22)	gjespe
(22)	grille
(22)	handle
(17)	hente
(21)	hoppe
(11)	huske
(24)	innrede
(14)	jobbe
(15)	kaste
(6)	koste
(24)	krysse
(17)	lande
(9)	ligne/likne
(12)	lukke
(14)	løfte
(11)	merke
(11)	miste
(21)	nekte
(22)	oppdage
(11)	orke
(2)	overnatte
(15)	overraske
(13)	overvintre
(18)	plystre
(17)	puste
(18)	riste
(16)	rulle
(18)	rynke
(19)	samle
(18)	sjekke
(3)	stoppe
(19)	sukke
(16)	sykle
(8)	takke
(16)	trille
(18)	tygge
(7)	vente
(18)	virke
(11)	våkne/vakne
(8)	åpne

Svake verb gruppe 2 (-te)
Eks. *lese – leser – leste – har lest*

(23)	arrestere
(11)	begynne
(16)	bestille
(12)	betale
(9)	blåse
(22)	brenne (*trans.*)
(22)	bruke
(23)	drepe (*pret.* drepte/drap)
(12)	drømme
(21)	ende
(9)	forklare
(1)	fotografere
(6)	fylle ut
(11)	føde (fødde/fødte – fødd/født)
(20)	heise
(10)	hende
(9)	henge (*trans.*)
(18)	hvile/kvile ut
(8)	høre
(24)	invitere
(18)	karakterisere
(11)	kjenne
(5)	kjøpe
(2)	kjøre
(12)	klare
(21)	knuse
(7)	lese
(18)	lete
(7)	like
(20)	lyse
(18)	løse/løyse
(19)	låne
(20)	låse

(23)	male		
(15)	melde		
(15)	mene/meine		
(12)	mistenke		
(20)	notere		
(11)	operere		
(9)	peke		
(1)	reise		
(11)	ringe		
(11)	rope		
(6)	sende		
(9)	skinne		
(22)	skjønne		
(12)	spille/spelle		
(4)	spise		
(20)	stemme		
(21)	stille		
(1)	studere		
(11)	svare (-a/-te)		
(17)	svinge		
(16)	svømme		
(24)	søke		
(19)	tale (-a/-te)		
(8)	tenke		
(20)	tenne		
(15)	transportere		
(12)	trenge		
(11)	undersøke		
(22)	undervise		
(19)	utføre		
(24)	utlyse		
(11)	vende		
(7)	vise		
(23)	vokse		

Svake verb gruppe 3 (-de)
Eks. *leve – lever – levde – levd*

(20) bøye
(19) greie
(22) kreve
(22) leie
(5) leve
(17) oppleve
(7) prøve
(6) veie

Svake verb gruppe 4 (-dde)
Eks. *bo – bor – bodde – bodd*

(21) bety
(5) bo/bu
(16) nå
(14) skje
(20) snu
(7) tro/tru

Svake verb – blandet bøyning
(-a/-et/-te) (1,2)

(4) håpe
(19) leke/leike
(2) regne
(17) svinge
(16) vekke

(-a/-et/-de) (1,3)

(8) lage
(21) love (lova/lovet/lovde + lovte)
(21) skygge
(13) sveve

(-a/-et/-dde) (1, 4)

(1) arbeide
(8) gløde
(**NB:** å glø – glør – glødde – har glødd)
(19) samarbeide
(15) tyde på

Sterke verb

infinitiv　　　*presens*

	infinitiv	presens		
(15)	be	ber	bad	bedt
(6)	bli	blir	ble	blitt
(11)	brekke	brekker	brakk	brukket
(22)	brenne	brenner	brant	brent
(15)	dra	drar	drog	dradd/dratt
(4)	drikke	drikker	drakk	drukket
(4)	dø	dør	døde	dødd
(14)	finne	finner	fant	funnet
(13)	finnes	fins/finnes	fans/fantes	funnes
(19)	fly	flyr	fløy	fløyet
(21)	foregå	foregår	foregikk	foregått
(12)	forfølge	forfølger	forfulgte	forfulgt
(8)	forstå	forstår	forstod	forstått
(15)	forsvinne	forsvinner	forsvant	forsvunnet
(18)	fortelle	forteller	fortalte	fortalt
(23)	fortsette	fortsetter	fortsatte	fortsatt
(12)	følge	følger	fulgte	fulgt
(2)	få	får	fikk	fått
(13)	gi	gir	gav	gitt
(18)	gjelde	gjelder	gjaldt	gjeldt
(3)	gjøre	gjør	gjorde	gjort
(21)	gripe	griper	grep	grepet
(2)	gå	går	gikk	gått
(1)	ha	har	hadde	hatt
(9)	henge	henger	hang	hengt
(1)	hete	heter	het/hette	hett
(14)	hjelpe	hjelper	hjalp	hjulpet
(16)	holde	holder	holdt	holdt
(18)	kalles	kalles	kaltes	kaltes
(1)	komme	kommer	kom	kommet
(4)	la	lar	lot	latt
(7)	legge	legger	la	lagt
(5)	ligge	ligger	lå	ligget
(15)	løpe	løper	løp	løpt
(23)	nyte	nyter	nøt	nytt
(20)	renne	renner	rant	rent
(19)	rive	river	rev	revet
(2)	se	ser	så	sett
(5)	selge	selger	solgte	solgt
(6)	sette	setter	satte	satt
(3)	si	sier	sa	sagt
(7)	sitte	sitter	satt	sittet
(5)	skrive	skriver	skrev	skrevet
(21)	skyte	skyter	skjøt	skutt
(20)	skyve	skyver	skjøv	skjøvet
(17)	slippe	slipper	slapp	sluppet
(14)	slå	slår	slo	slått

169

(16)	snike	sniker	snek	sneket
(10)	sove	sover	sov	sovet
(19)	springe	springer	sprang	sprunget
(2)	spørre	spør	spurte	spurt
(22)	stjele	stjeler	stjal	stjålet
(11)	stå	står	stod	stått
(9)	synes	syns/synes	syntes	syns/synes
(3)	ta	tar	tok	tatt
(10)	treffe	treffer	traff	truffet
(24)	trekke	trekker	trakk	trukket
(17)	tvinge	tvinger	tvang	tvunget
(24)	underskrive	underskriver	underskrev	underskrevet
(21)	vinne	vinner	vant	vunnet
(6)	vite *KAtω*	vet	visste	visst
(1)	være	er	var	vært
(16)	ødelegge	ødelegger	ødela	ødelagt

MODALVERB

(16)	burde	bør	burde	burdet
(2)	kunne	kan	kunne	kunnet
(4)	måtte	må	måtte	måttet
(1)	skulle	skal	skulle	skullet
(17)	tore	tør	torde	tort
(1)	ville	vil	ville	villet

PARTIKKEL – PREPOSISJONSUTTRYKK

Av:
- (2) av tre, stein etc.
- (17) av syne
- (22) av gangen
- (24) på grunn av
- (19) kaste av
- (14) løfte av
- (17) i løpet av
- (19) få nok av
- (14) i nærheten av
- (23) slappe av
- (22) spille av
- (17) ta av
- (6) ta bilder av
- (12) ta feil av
- (8) ved siden av

Etter:
- (12) følge etter
- (21) like etter

For:
- (16) for all del
- (12) for alt i verden
- (11) for første gang
- (14) for lengst
- (9) for 25 minutter siden
- (14) for tida
- (21) takk for hjelpen
- (17) ha sans for
- (5) sør for
- (20) til tross for
- (19) bli utsatt for

Fra:
(17) flykte fra
(20) sette fra seg

Fram:
(6)   ta fram

I:
(24) i alle fall
(23) i forbindelse med
(12) få tak i noe/noen
(22) komme i gang
(9)   i alle dager
(7)   i alle fall
(7)   i dag
(14) i det hele tatt
(5)   i 14 dager
(8)   i går
(7)   i overmorgen
(13) i stedet
(10) i år
(5)   i kveld
(23) være i live
(17) i løpet av
(1)   i morgen
(19) i morges
(14) i nærheten av
(24) i første omgang
(20) i det samme
(21) i tide
(19) i timevis
(20) i trekk
(21) i siste øyeblikk

Igjen:
(17) kjenne igjen
(13) legge igjen

Inn:
(2)   gå inn
(11) legge inn
(17) sjekke inn

Med:
(20) holde på med
(16) holde øye med
(11) med det samme
(15) være med på noe

Mot:
(17) legge kursen mot

Ned:
(21) skyte ned
(15) slå ned

Om:
(21) om bord
(9)   om en time
(7)   om morgenen
(12) rope om hjelp
(15) selv om
(17) du snakker om
(23) som om
(19) ikke tale om
(11) til minne om

Opp:
(24) gi opp
(11) kaste opp
(20) lukke opp

Over:
(8)   kvart over
(12) være over

På:
(19) finne på
(19) holde på å
(19) holde seg på avstand
(8)   kvart på
(16) legge på røret
(20) ha lyst på noe
(15) slå på
(11) ta på seg
(23) være på utkikk etter

(3)	på vei til	(16)	nå fram til
(10)	vente på (at)	(23)	til side
(15)	være med på noe	(3)	to bilder til
(21)	få øye på	(11)	til minne om
(23)	på en eller annen måte	(13)	til og med
		(6)	til sammen
		(20)	til tross for
Til:		(16)	være vant til
(8)	få lov til	(3)	på vei til
(17)	finne fram til	(1)	velkommen til
(22)	holde til i	(22)	til å begynne med
(19)	høre til		
(11)	komme til seg selv		
(12)	komme til å	**Ut:**	
(16)	legge seg til å sove	(6)	fylle ut
(19)	legge til kaien	(14)	litt ut i juli
(12)	ha lyst til å	(19)	rive ut
(21)	være til nytte	(18)	se ut
(16)	være nødt til	(12)	skrive ut

ORDSTILLINGSSKJEMA A – HELSETNINGER

forfelt (F)	bøyd verbal (v)	nominal (n)	setnings-adv. (a)	ubøyd verbal (V)	nominal (N) (dir./indir. obj.)	adverbial (A)
1	2	3	4	5	6	7
Annie	vil		gjerne	fotografere		i Norge.
	Er	du			lærer?	
De	vil		ikke	ha	et rom	hos Ingrid Berg.
	Har	du	ikke		et kart	over Norge?
Der	vil	hun	gjerne	ta	noen bilder.	
Idet Annie går inn,	ser	hun			mannen	fra ferga.
Annie	ser				mannen fra ferga	idet hun går inn.

ORDSTILLINGSSKJEMA B – LEDDSETNINGER

forbinderfelt (f)	nominal (n)	setnings-adv. (a)	bøyd verbal (v)	ubøyd verbal (V)	nominal (N) (dir./indir. obj.)	adverbial (A)
1	3	4	2	5	6	7
idet	Annie		går			inn
fordi	vi	ikke	kan	få	øl	her

absolutt (adj./adv.) (18)	absolument	absolute/absolutely	absolut, unbedingt
adressebok (-en/-a) (10)	carnet d'adresses	address book	Adressbuch
agurk (-en) (4)	concombre, cornichon	cucumber	Gurke
akkurat (adv.) (9)	exactement, précisément	just enough exactly	genau, gerade
ikke akkurat (24)	pas exactement	not exactly	nicht gerade
aktivitet (-en) (13)	activité	activity	Aktivität
aldri (adv.) (21)	jamais	never	nie, niemals
alene (adv.) (19)	seul	alone	allein
alkohol (-en) (4)	alcool	alcohol	Alkohol
all (kvan.) (9)	tout	all	all, ganz
alle (kvan.) (4)	tous, toutes	all, every	alle
aller (adv.) (18)	de tous, le plus	most	aller
allerede (adv.) (24)	déjà	already	schon, bereits
alltid (adv.) (7)	toujours	always	immer
alt (adv.) (21)	déjà	all, everything	schon, bereits
alt sammen (17)	tout	all together	alles
altså (adv.) (17)	donc, par conséquent, ainsi	so, that is	also, folglich, demnach
aluminium (-en/-et) (8)	aluminium	aluminium	Aluminium
aluminiumsverk (-et) (8)	usine d'aluminium	aluminium plant, -factory	Aluminiumwerk
alvor (-et) (16)	sérieux, gravité	serious	Ernst
for alvor (21)	pour de bon, sérieusement, vraiment	seriously	im Ernst
alvorlig (adj.) (11)	sérieux, grave	seriously – not seriously ill	ernst, ernsthaft
amerikansk (adj.) (16)	américain	American	amerikanisch
andre (dem.) (10)	autre	other	andere
ansikt (-et) (22)	visage	face	Gesicht
ansjos (-en) (4)	anchois	anchovy	Anschovis, Sardelle
april (10)	avril	April	April
arbeid (-et) (20)	travail	work, employment	Arbeit
arbeide (sv.gr.1,4) (1)	travailler	work	arbeiten
arbeider (-en) (8)	ouvrier	worker	Arbeiter(in)
arbeidstillatelse (-en) (24)	permis de travail	work permit	Arbeitserlaubnis
arbeidsværelse (-et) (24)	bureau	study	Arbeitszimmer
arkitekt (-en) (9)	architecte	architect	Architekt(in)
arkitektstudent (-en) (9)	étudiant en a.	architect student	Architekturstudent(in)
arkitektur (-en) (9)	architecture	architecture	Architektur
arkiv (-et) (18)	archives	archives, here: files	Archiv
arm (-en) (11)	bras	arm	Arm
arrangere (19)	arranger, ici: provoquer	arrange, here: fake	arrangieren, hier: vertäuschen
arr (-et) (11) arrangere (19)	cicatrice	scar	Narbe
arrestere (sv.gr.2) (23)	arrêter	arrest	verhaften
at (subj.) (10)	que («il dit que..»)	that («she said that..»)	daß
au! (interj.) (11)	aïe	ouch!	aua, au
august (10)	aout	August	August
av (prep.) (3)	en, de	of, here: made of	von, aus
(ute) av syne (17)	(hors) de vue	out of sight lose sight of it/ she didn't dare take her eye off it	aus den Augen
avdeling (-en/-a) (13)	service	ward (in a hospital)	Abteilung, Station
avgang (-en) (17)	départ	departure	Abflug, Abfahrt
avgangshall (-en) (17)	salle de départ	departure hall	Abflughalle

avis (-en/-a) (1)	journal	newspaper	Zeitung
avslutte (sv.gr.1) (23)	terminer, clore, achever	end, terminate	abschließen, beenden
avstand (-en) (19)	distance	distance	Abstand
avvæpne (sv.gr.1) (21)	désarmer	disarm	entwaffnen

B

bad (-et) (11)	bain, salle de bains	bath, bathroom	Bad, Badezimmer
bag (-en) (17)	sac	bag	Bag, Reisetasche
bagasje (-en) (9)	bagages	luggage	Gepäck
bagasjevogn (-en) (17)	chariot à bagages	luggage trolley	Gepäckkarren
bak (prep./adv.) (18)	derrière	behind	hinter, dahinter, hinten
bakdør (-en/-a) (15)	porte de derrière	back door	Hintertür
bakerst (adj./adv.) (17)	dernier, au fond	at the back, in the rear	hinter, hinterst, letzt
bakgård (-en) (16)	arrière-cour	backyard	Hof, Hinterhof
bakhode (-et) (15)	partie postérieure de la tête	back of the head	Hinterkopf
bakke (-en) (17)	sol	ground	Boden
bakke (-en) (19)	côte, pente, versant descente	slope, hill	Hügel, Abhang
baksete (-et) (22)	siège arrière	back seat	Rücksitz
bankboks (-en) (13)	coffre-fort	safe-deposit box	Schließfach, Safe
banke (sv.gr.1) (12)	frapper	knock	klopfen
bare (adv.) (1)	seulement, si seulement	only, if only ...	nur, wenn nur
barn (-et) (11)	enfant	child	Kind
bart (-en) (18)	moustache	moustache	Bart
be (st.) (15)	demander, prier	ask	bitten, beten
begge (kvan.) (7)	tous les deux	both	beide
begynne (sv.gr.2) (11)	commencer	begin, start	beginnen, anfangen
til å begynne med (22)	au début	at first, to begin with	anfangs, am Anfang
begynnelse (-en) (18)	début	beginning	Anfang, Beginn
beite (sv.gr.1) (23)	brouter	graze	grasen, weiden
bensin (-en) (23)	essence	petrol (US: gas, gasoline)	Benzin
bensinstasjon (-en) (23)	station cervice	filling-, service-, petrol station	Tankstelle
bensintank (23)	réservoir à essence	petroltank	Benzintank
beskyttelse (-en) (18)	protection	protection	Schutz
best (adj.): «god» (17)	le meilleur	best	am besten, besser
bestille (sv.gr.2) (16)	commander, retenir, réserver	order, book	bestellen, reservieren
betale (sv.gr.2) (12)	payer, régler	pay	bezahlen
betaling (-en/-a) (16)	paiement	payment	Bezahlung
betongsøyle (-en) (20)	pilier en béton	concrete pillar	Betongpfeiler
bety (sv.gr.4) (21)	signifier	mean	bedeuten
bevæpnet (adj./part.) (21)	armé	armed	bewappnet
bibliotekar (-en) (7)	bibliothécaire	librarien	Bibliothekar
bibliotekskole (-en) (7)	école des bibliothécaires	library school	Bibliothekschule
bil (-en) (1)	voiture	car	Auto
bilde (-et) (3)	photo, image, tableau	picture, photo(graph)	Bild, Foto
billett (-en) (13)	billet, ticket	ticket	Fahrkarte, Flugschein
bjørk (-en/-a) (23)	bouleau	birch	Birke
blant annet (18)	entre autres choses	among other things	unter anderem
bli (st.) (6)	devenir, rester	stay	bleiben, werden
bli sittende (7)	rester assis	remain seated	sitzen bleiben
blikk (-et) (20)	regard, coup d'oeil	look, glance	Blick
blindtarm (-en) (11)	appendice	appendix	Blinddarm
blindtarmsbetennelse (-en) (11)	appendicite	appendicitis	Blinddarmentzündung
blod (-et) (20)	sang	blood	Blut
blomst (-en) (5)	fleur	flower	Blume

blyant (-en) (18)	crayon	pencil	Bleistift
bløtkake (-en/-a) (9)	genoise aux fruits et au chantilly	cream cake, layer cake	Cremetorte
blå (adj.) (3)	bleu	blue	blau
blåse (sv.gr.2) (9)	souffler	blow	blasen, wehen
bo/bu (sv.gr.4) (5)	habiter, loger	live, stay	wohnen
bod (-en) (24)	débarras	booth, storage room	Abstellraum
bok (-en/-a) (7)	livre	book	Buch
bolig (-en) (20)	habitation, logement	housing	Wohnung
boliglån (-et) (24)	prêt à la construction	building (housing) loan	Baukredit
boligmarked (-et) (24)	marché de l'immobilier	housing market	Wohnungsmarkt
bord (-et) (2)	table	table	Tisch
boreplattform (-en/ei) (19)	plateforme pétrolière	oil rig, drilling rig	Bohrinsel, Bohrturm
bort (adv.) (6)	loin	away	weg, fort
kjøre bort (6)	s'en aller, partir en voiture	drive away	wegfahren
borte (adv.) (3)	loin, disparu	away	weg
der borte (6)	là-bas	there, over there	da drüben, hinten
bortreist (adj./part.) (22)	absent, en voyage	absent, away (from home)	verreist
bra (adj./adv.) (11)	bien, guéri	good	gut
bred (adj.) (20)	large	broad, wide	breit
brekke (st.) (11)	casser, briser	break	brechen
bremse (-en/-a) (19)	frein	brake	Bremse
brenne (sv.gr.2:*trans.*) (22)	brûler	burn	brennen
brenne (st. *intrans.*) (22)			
brette (sv.gr.1) (16)	plier	fold	falten
brette opp (16)	relever, retrousser	roll up, put up	hochschlagen, aufkrempeln
brev (-et) (6)	lettre	letter	Brief
brille (-en/-a) (4)	lunettes	glasses, spectacles	Brille
bror (-en) (14)	frère	brother	Bruder
bruk (-en) (9)	emploi, usage, utilisation	use, usage	Gebrauch, Anwendung
bruke (sv.gr.2) (22)	utiliser, employer	use	benutzen, anwenden
brun (adj.) (3)	marron, brun	brown	braun
brunsvart (adj.) (20)	noir brunâtre	brownish black	braunschwarz
brus (-en) (4)	boisson gazeuse, soda	fizzy limonade, pop, mineral water	Limonade, Sprudel
brygge (-a) [-en] (19)	quai	quay, wharf	Kai
brølende (adj./part.) (19)	hurlant, rugissant	roaring	heulend, tobend, brüllend
brå (adj.) (21)	brusque	sudden, abrupt	jäh, schroff
bukse (-en/-a) (16)	pantalon	trousers	Hose
burde (st.) (16)	devoir	ought to, should	sollen, müssen
busk (-en) (5)	buisson	bush	Busch
buss (-en) (4)	bus, car	bus	Buss
by (-en) (5)	ville	town, city	Stadt
bygning (-en) (18)	bâtiment, immeuble	building	Gebäude
byplankontor (-et) (24)	bureau d'urbanisme	town planning office	Stadtbauamt
byplanlegging (-en) (24)	urbanisme	townplanning	Stadtbauplanung
byplansjef (-en) (24)	directeur d'urb.	town planning director	Leiter des Stadtbauamtes
bøye seg (sv.gr.3) (20)	se plier	lean towards	sich bücken
både ... og (konj.) (10)	et ... et ...	both ... and	sowohl ... als auch
bål (-et) (22)	feu	bonfire, (open) fire	(offenes) Feuer
bånd (-et) (22)	bande, ruban	here: tape	Band
båt (-en) (1)	bateau	boat	Boot

da (adv.) (5)	a/ alors, en ce temps-là	then	dann, da
	b/ alors, dans ce temps-là		denn, doch
	c/ alors, puis		schon, wohl
	d/ donc, dans ce cas, c'est que		
	e/ décidément, tout de même, en effet, pourtant du moins		
da (adv.) (10)	quand, lorsque, au moment oû	when	als
da (konj.) (20)	puisque, comme	as, since	da
dag (-en) (1)	jour	day	Tag
dagtog (-et) (18)	train de jour	day train, one day	Zug (der am Tag verkehrt)
dagstur (-en) (13)	promenade d'une journé	one day trip/excursion/tour	Ausflug
dame (-en/-a) (6)	femme	lady	Dame/Frau
danse (sv.gr.1) (22)	danser	dance	tanzen
de (pron.) (2)	ils	they	sie
De (pron.) (2)	vous (forme de politesse)	you	Sie
de ... der (pron.) (7)	ceux-là	those	die ... dort
deg (pron.) (4)	te	you	dich
dekk (-et) (20)	pont sur un bateau	deck (on a boat/ship)	Deck
dekk (-et) (23)	pneu	tyre	Reifen
del (-en) (9)	partie	part	Teil
en hel del (21)	beaucoup, un grand nombre	a great deal of, a lot of	eine ganze Masse/Menge
dem (pron.) (4)	les, eux	them	ihnen
Dem (pron.) (4)	vous (forme de politesse)	you	Ihnen
den (pron.) (3)	il	it	der
den ... der (pron.) (6)	ce ...-là	that	der ... dort
denne .. her (pron.) (6)	ce ...-ci	this	dieser ... hier
dens (pron.) (13)	son	its	sein
der (adv.) (2)	là, y	there	da, dort
der borte (3)	là-bas	over there	da drüben
dere (pron.) (2)	vous	you	ihr
Deres (pron.) (13)	votre	your	Ihr
deres (pron.) (13)	leur	their	euer, ihr
deretter (adv.) (14)	après cela, puis, ensuite	after that, then	danach
derfor (adv.) (15)	par conséquent, c'est pourquoi, aussi	for that reason, therefore	deshalb, deswegen
derimot (adv.) (18)	d'autre part, par contre	on the other hand	dagegen, jedoch
dersom (subj.) (12)	si (cond)	if, in case	falls, wenn
desember (10)	décembre	December	Dezember
dessert (-en) (24)	dessert	dessert	Nachtisch
dessuten (adv.) (24)	en outre, de plus	besides, also, in addition	ausserdem
dessverre (adv.) (2)	malheureusement, je regrette	unfortunatly	leider
desto: jo .. desto .. (konj.) (18)	plus .. plus	the .. the	je ... je
det (pron.) (2)	il, ce	it	das, es
det .. der (pron.) (6)	ce .. là	that	das ... dort
det er greit (6)	d'accord	it's ok	das ist in Ordnung
det må jeg si (18)	ça alors, ça par exemple	I must say	sowas!

dets (pron.) (13)	son	its	sein
dette (dem.) (1)	voici, ceci	this	dies, dieses
dette .. her (pron.) (6)	ce .. ci	this .. here	dies ... hier
dialekt (-en) (13)	dialecte, accent dialectal	dialect	Dialekt, Akzent
dikt (-et) (7)	poème	poem	Gedicht
din (pron.) (13)	ton	your	dein
direkte (adj./adv.) (12)	direct, directement	direct	direkt
disk (-en) (20)	comptoir	counter	Theke
disse .. her (dem.) (7)	ces .. ci	these .. here	diese ... hier
dit (adv.) (2)	là-bas	there	dahin
dokument (-et) (18)	document	document	Unterlage, Akte
dokumenthaug (-en) (18)	pile de documents	pile of documents/ papers	Aktenhaufen
dokumentmappe (-en/-a) (19)	serviette à documents, mallette	briefcase	Aktentasche
dra (st.) (15)	(litteralement: «tirer») – partir, aller, voyager	go, leave, travel, pull, draw	ziehen, fahren
det dreier seg om (14)	il s'agit de	it's about	es dreht sich um
drepe (sv.gr.2) (23)	tuer	kill	töten
drikke (st.) (4)	boire	drink	trinken
drosje (-en/-a) (12)	taxi	taxi	Taxi
drukning (-en/-a) (15)	noyade	drowning	Ertrinken
drøm (-en) (12)	rêve	dream	Traum
drømme (sv.gr.2) (12)	rêver	dream	träumen
du (pron.) (1)	tu	you	du
dusj (-en) (2)	douche	shower	Dusche
dvergbjørk (-en/-a) (23)	bouleau nain	Arctic birch, dwarf birch (high mountain tree)	Zwergbirke
dyktig (adj.) (21)	habile, compétent qualifié	competent, efficient	tüchtig
dyne (-en/-a) (2)	couette	quilt, featherbed	Federbett, Decke
dyp (adj.) (18)	profond	deep	tief
dyr (adj.) (8)	cher	expensive	teuer
dø (st.) (4)	mourir	die	sterben
død (adj.) (14)	mort	death	tot
døgn (-et) (14)	un jour et une nuit, les 24 heures	a day and a night, 24 hours	ein Tag und eine Nacht, 24 Stunden
dør (-en/-a) (7)	porte	door	Tür
dårlig (adj./adv.) (11)	mauvais, malade	bad, poor, unwell, poorly	schlecht, krank

E

egen (pron.) (13)	propre, particulier	own	eigen
egentlig (adj./adv.) (18)	proprement dit, à vrai dire, au fond	real, really, actual, actually	eigentlich
egg (-et) (4)	oeuf	egg	Ei
ei (art.) (1)	une	a/an, one	eine
ekorn (-et) (13)	écureuil	squirrel	Eichhorn
eksamen (-en) (10)	examen	exam(ination)	Examen, Prüfung
eksamenslesing (-en) (17)	révision, préparation pour l'examen	study for an exam	Prüfungsvorbereitungen
ekte (adj.) (14)	vrai, véritable, authentique	genuine, authentic	echt
ekstra (adj./adv.) (8)	extra, de plus, de rechange	extra, additional	extra, besonders
elev (-en) (13)	élève	pupil, student	Schüler(in)
eller (konj.) (7)	ou	or	oder
ellers (adv.) (22)	à part cela, sinon	or else, otherwise	sonst

elske (sv.gr.1) (7)	aimer, adorer	love	lieben
elv (-en/-a) (2)	rivière	river	Fluss
en (art.) (1)	un	a, an, one	ein, eine
en (pron.) (15)	on	one	man, jemand
ens (pron.) (15)	son	one's	jemandes
ende (sv.2.kl) (21)	finir	end, finish	enden
endelig (adj./adv.) (15)	définitif, finalement, enfin	at last, finally	endlich
eneste (adj.) (12)	seul, unique	only	einzig
engelsk (sub./adj.) (1)	anglais	English	englisch
enkel (adj.) (22)	simple	simple, uncomplicated, easy	einfach
enn (konj.) (15)	que (comp)	than	als
alt annet enn (16)	tout sauf	anything but	alles andere als
ennå (adv.) (12)	encore, toujours	still, yet	noch
enorm (adj.) (20)	énorme, formidable	enormous	enorm
enten .. eller (konj.) (19)	ou bien .. ou bien .. soit .. soit	either .. or	entweder ... oder
eske (-en/-a) (21)	boîte	box	Schachtel
et (art.) (1)	un (n)	a, an	ein(n)
etasje (-en) (11)	étage	floor, storey	Stock, Stockwerk
etter (adv./prep.) (3)	après	after	nach
etter at (subj.) (23)	après que	after	nachdem
etter hvert (adv.) (22)	au fur et à mesure	gradually, little by little	nach und nach
ettermiddag (-en) (14)	après-midi	afternoon	Nachmittag
etterpå (adv.) (14)	après, ensuite	afterwards	nachher
ettersøkt (adj./part.) (18)	recherché	wanted	gesucht (von der Polizei)

F

fakkel (-en) (20)	torche	torch	Fackel
faktisk (adv.) (17)	en fait, effectivement	actually	tatsächlich
fall: i alle fall (24)	en tout cas	at any rate	jedenfalls
falsk (adj.) (23)	faux	forged, false	falsch
familie (-en) (13)	familie	family	Familie
fantastisk (adj.) (8)	fantastique	fantastic	fantastisch
farge (-en) (5)	couleur	colour	Farbe
farlig (adj.) (12)	dangereux	dangerous	gefährlich
fast (adj./adv.) (13)	fixe, en permanence	permanent/-ly	fest
feber (-en) (11)	fièvre	fever	Fieber
februar (10)	février	February	Februar
feil (-en) (12)	faute	mistake	Fehler
felt (-et) (21)	littéralement: champ, terrain, gisement (de pétrole)	here: oil field	Feld
ferdig (adj.) (8)	prêt, achevé, fini	finished, ready	fertig
ferge (-en/-a) (4)	bac, ferry-boat	ferry (boat)	Fähre
fergetur (-en) (8)	trajet, promenade en bac	ferry trip	Fährfahrt
ferie (-en) (1)	vacances	vacation, holiday	Ferie(n)/Urlaub
fersk (adj.) (8)	frais	fresh	frisch
fest (-en) (22)	fête, soirée	party	Fest
festdag (-en) (22)	jour de fête	annual festival	Feiertag, Festtag
fet (adj.) (24)	gras	fat	fett
filial (-en) (18)	succursale, agence	branch (office/store)	Filiale
film (-en) (8)	pellicule, film	film	Film
fin (adj.) (3)	joli, bien, beau	pretty, fine, nice	fein, schön, gut
finne (st.) (14)	trouver	find	finden
finne fram til (17)	trouver le chemin jusqu'a	find (the way out)	den Weg finden
finne på (19)	inventer	invent, make up	sich ausdenken, erfinden

finnes (st.) (13)	se trouver, exister	exist, find	geben, vorhanden sein
fint! (18)	très bien!	fine!	gut!
fisk (-en) (5)	poisson	fish	Fisch
fiske (sv.gr.1) (23)	pêcher	fish	fischen, angeln
fiskebåt (-en) (19)	bateau de pêche	fishing boat	Fischerboot
fiskerestaurant (-en) (10)	restaurant de poisson	fish restaurant	Fischrestaurant
fiskestang (-en/-a) (23)	canne à pêche	fishing rod	Angelrute
fjell (-et) (2)	montagne	mountain	Gebirge, Berg
fjelltopp (-en) (9)	sommet, cime	mountain top	Bergspitze
fjellvann (-et) (23)	lac de montagne	mountain lake	Gebirgssee
fjordbåt (-en) (22)	navette/bateau du fjord	fjord boat	Fjordboot, Fähre
flaks (-en) (24)	chance, veine	luck	Glück
flamme (-en) (20)	flamme	flame	Flamme
flaske (-en/-a) (5)	bouteille	bottle	Flasche
flate (-en/-a) (20)	plan, surface, superficie	surface	Fläche
flere (adj./pron.): *mange* (15)	plusieurs	several	mehrere
fly (-et) (1)	avion	(aero)plane, plane	Flugzeug
fly (st.) (19)	voler	fly	fliegen
flykte (sv.gr.1) (17)	fuir	escape, run away	fliehen
flykte fra (17)	s'enfuir de	escape from	fliehen vor
flyplass (-en) (16)	aeroport	airport	Flughafen
flytte (sv.gr.1) (24)	déménager	move	umziehen
flytte sammen (24)	s'installer/ habiter ensemble	move in with sbd.	zusammen ziehen
flytting (-en) (24)	déménagement	removal, move, moving	Umzug
folk (-et) (21)	peuple, gens (pl)	people	Leute, Volk
folkevogn (-en/-a) (6)	«coccinelle»	VW (Volkswagen)	Volkswagen
for (prep.) (1)	pour	for	für
for (adv.) (3)	trop	too	zu
for (konj.) (9)	car	because, for	denn
for all del (16)	à tout prix, surtout, absolument	by all means	um jeden Preis
for alt i verden (12)	pour tout l'or du monde	for anything in the world	um alles in der Welt
for at (konj.) (23)	pour que	so that	damit
for 25 minutter siden (9)	il y a 25 min.	25 minutes ago	vor 25 Minuten
for første gang (11)	pour la première fois	for the first time	zum ersten mal
for lengst (14)	depuis longtemps	a long time ago	schon lange
for tiden (14)	en ce moment	for the time being	zur Zeit
for å (4)	afin de	in order to	um zu
foran (adv./prep.) (20)	devant, en avant	in front of, before	vor
forbindelse (-en) (23)	rapport, liaison	connection	Verbindung
forbryter (-en) (12)	criminel	criminal	Verbrecher
fordi (subj.) (4)	parce que	because	weil, da
foregå (st.) (21)	se passer take place	happen, go on, vor sich gehen	geschehen,
forelder (-en) (14)	parent	parent	Elternteil
foreløpig (adj./adv.) (18)	provisoir(ement), jusqu'à nouvel ordre	for the time being	vorläufig
forfalskning (-en) (18)	falsification	forgery	Fälschung, Verfälschen
forfatter (-en) (7)	écrivain, auteur	author	Schriftsteller(in)
forfølge (st.) (12)	poursuivre	pursue	verfolgen
forhold (-et) (13)	relation, rapport	relationship	Verhältnis
forhold (-et) (22)	condition	condition	Verhältnis
forklare (sv.gr.2) (9)	expliquer	explain	erklären
forklaring (-en/-a) (21)	explication	explanation	Erklärung

forlenge (sv.gr.1) (24)	prolonger	extend, prolong	verlängern
formiddag (-en) (13)	matinée (journée)	morning	Vormittag
forrige (adj.) (19)	précédent, dernier	preceding	vorig, vorhergehend
forsikring (-en/-a) (11)	assurance	insurance	Versicherung
forskjellig (adj.) (12)	différent	different	verschieden
forstyrre (sv.gr.1) (17)	déranger	disturb	stören
forstå (st.) (8)	comprendre	understand	verstehen
forsvinne (st.) (15)	disparaître	disappear	verschwinden
fort (adj./adv.) (11)	rapide(ment), vite	rapid, quick	schnell
fortelle (st.) (18)	raconter	tell	erzählen
fortsatt (adv./part.) (16)	toujours, aussi à l'avenir	continuous(ly), still	weiterhin, noch immer
fortsette (st.) (23)	continuer	continue	fortsetzen
fot (-en) (16)	pied	foot	Fuß
fotballveske (-en/-a) (16)	sac de sport	football bag	Fußballtasche
fotoapparat (-et) (3)	appareil de photo	camera	Fotoapparat, Kamera
fotograf (-en) (1)	photographe	photographer	Fotograf
fotografere (sv.gr.2) (1)	prendre en photo, prendre des photos	photograph, take pictures	fotografieren, aufnehmen
fra (prep.) (1)	de	from	aus, von
fram (adv.) (6)	en avant	out	hervor, vorwärts
fransk (sub./adj.) (1)	français	French	französisch
fredag (-en) (7)	vendredi	Friday	Freitag
fredelig (adj.) (18)	paisible	peaceful	friedlich
frilansfotograf (-en) (24)	photographe freelance	freelance photographer	freiberuflicher F.
frimerke (-et) (6)	timbre-poste	stamp	Briefmarke
frisk (adj.) (12)	frais, sain, en forme	well, healthy	gesund
friste (sv.gr.1) (20)	tenter	tempt	verlocken
Friundervisningen/-a (24)	formation continue	Norw. educational institution, evening school	Volkshochschule
frukt (-en/-a) (5)	fruit	fruit	Obst
full (adj.) (17)	plein, rempli, complet	full	voll
fullmektig (-en) (13)	adjoint	chief clerk, depty chief	Bevollmächtigte(r)
fylle ut (sv.gr.2) (6)	remplir	fill	(aus)füllen
fyr (-en) (22)	gars, type	chap, bloke, guy	Kerl, Typ
føde (sv.gr.2) (11)	naître	bear, give birth, here: born	gebären
fødselsår (-et) (18)	année de naissance	year of birth	Geburtsjahr
føle (sv.gr.2) (11)	sentir, toucher, éprouver	feel	fühlen, empfinden
følge (st.) (12)	suivre	follow	folgen
før (adj.) (11)	auparavant, autrefois	before, earlier	früher
før (konj.)	avant que	before	bevor, ehe
først (adv.) (9)	d'abord	first	zuerst
først og fremst (18)	avant tout	primarily, first and foremost	vor allem
få (st.) (2)	avoir, recevoir, acquérir, obtenir	get, receive, obtain	bekommen, kriegen
få betalt (12)	être payé	be paid	bezahlt bekommen
få lov til noe (8)	obtenir la permission de	obtain permission to	etwas dürfen
få tak i noe/noen (12)	réussir à trouver, prendre, saisir	get hold of, catch	etwas erreichen, kriegen

G

gal (adj.) (14)	fou	crazy, insane, mad	verrückt, wahnsinnig
gammel (adj.) (5)	vieux	old	alt
gang (-en) (9)	fois	time, here: ever	Mal
komme i gang (22)	se mettre en marche	get started	anfangen

være i full gang (21)	avoir commencé depuis longtemps	be busy doing sth.	voll beschäftigt sein
av gangen (22)	à la fois	at a time	jeweils
gang (-en) (20)	couloir	corridor	Gang, Flur
gardin (-en/-et/-a) (2)	rideau	curtain	Vorhang, Gardine
gate (-en/-a) (16)	rue	street, road	Straße
geit (-a) [-en] (3)	chèvre	goat	Ziege
gi (st.) (13)	donner	give	geben
gi opp (24)	abandonner	give up	aufgeben
gi opp håpet (24)	perdre l'espoir	give up hope	die Hoffnung aufgeben
gifte seg (sv.gr.1) (24)	se marier	marry	heiraten
gjelde (st.) (18)	être valable, s'agir de, s'adresser à	be valid for	gelten, gültig sein
«gjemsel» (-en) (19)	«cache-cache»	game of hide and seek	Versteckspielen
gjennom (prep.) (2)	par, à travers	trough	durch
gjerne (adv.) (1)	volontiers, avec plaisir	with pleasure	gern
gjespe (sv.gr.1) (22)	bailler	yawn	gähnen
gjøre (st.) (3)	faire	do	tun, machen
gjøre seg/noe klar (22)	(se) préparer	get ready	sich/etwas fertig machen
glass (-et) (2)	verre	glass	Glas
gløde (sv.gr.1, 4) (8)	rougir, être ardent, brûler	glow	glühen
god (adj.) (3)	bon	good	gut
god dag (1)	bonjour	greeting: how do you do?	Guten Tag
grei (adj.) (6)	accepté, acceptable sans problème	O.K.	gut, in Ordnung
greie (sv.gr.3) (19)	réussir à, arriver à	manage	schaffen
grense (-en/-a) (14)	frontière, limite	frontier, border	Grenze
grensevakt (-en/-a) (14)	garde-frontière	frontier guard	Grenzwache
gress (-et) (3)	herbe	grass	Gras
grille (sv.gr.1) (22)	griller	grill	grillen
gripe (st.) (21)	saisir	seize, catch	greifen
grunn (-en) (24)	cause	reason	Grund
på grunn av (24)	à cause de	because of, due to	wegen
gruppe (-en/-a) (20)	groupe	group	Gruppe
grønn (adj.) (3)	vert	green	grün
grå (adj.) (3)	gris	grey	grau
guide (-en) (13)	guide	guide	Geide
gul (adj.) (6)	jaune	yellow	gelb
gullbriller (18)	lunettes à monture d'or	gold spectacles/glasses	Goldbrille(n)
gullfisk (-en) (13)	poisson rouge	goldfish	Goldfisch
gulv (-et) (20)	plancher	floor	Fußboden
gutt (-en) (7)	garçon	boy	Junge
gøy (adj./sub.) (22)	amusant, marrant	fun	lustig, spaßig
ha det gøy (22)	s'amuser	have fun	Spaß haben
gå (st.) (2)	aller, marcher	walk, go	gehen, laufen

H

ha (st.) (1)	avoir	have	haben
ha noe med noen å gjøre (15)	avoir à faire avec qn.	have sth. to do with sbd.	etwas zu tun haben mit jem.
hall (-en) (17)	vestibule, hall	hall	Halle
halv (adj.) (5)	demi	half	halb
ham (pron.) (4)	le, lui	him	ihm
han (pron.) (1)	il	he	ihn

handle om (sv.gr.1) (22)	parler de, traiter	deal with, is about	handeln von
hans (pron.) (13)	son	his	sein
hard (adj.) (15)	dur, sévère, rude	hard	hart
hatt (-en) (13)	chapeau	hat, cap	Hut
haug (-en) (18)	tas	pile	Haufen
hav (-et) (20)	mer, océan	sea	Meer
havflate (-en/-a) (20)	la surface de la mer	surface of the sea	Meeresspiegel
hefte (-et) (16)	cahier, carnet	pamphlet, booklet	Heft
hei! (1)	salut!	hi!	Hallo!
heis (-en) (18)	ascenseur	elevator	Fahrstuhl
heise (sv.gr.2) (20)	hisser, lever	lift, raise	hissen, fieren
hel (adj.) (9)	entier, complet	whole, complete	ganz
det hele (18)	le tout	all	das Ganze
heldigvis (adv.) (8)	heureusement	fortunately	glücklicherweise
helikopter (-et) (20)	hélicoptère	helicopter, chopper	Helikopter
heller (adv.) (14)	plutôt	rather	lieber
ikke heller (17)	non plus	neither ... nor	auch nicht
helst (adv.) (12)	de préférence, surtout	preferably, rather	am liebsten
helt (adv.) (8)	entièrement, complètement	entirely, completely	ganz
hemmelig (adj.) (22)	secret, clandestin	secret	heimlich, geheim
hemmelighet (-en) (21)	secret	secret	Geheimnis
hende (sv.gr.2) (10)	arriver, se produire, se passer	happen	geschehen, vorkommen
henge (st.) intrans. (9)	pendre, être suspendu	hang	hängen
henge (sv.gr.2) trans.			
henge sammen (9)	tenir	keep together	zusammenhängen
henge sammen (21)	être en rapport		
henne (pron.) (4)	la, lui, elle	her	sie, ihr
hennes (pron.) (13)	son	her, hers	ihr
hente (sv.gr.1) (17)	aller chercher	pick up	holen
her (adv.) (1)	ici	here	hier
herfra (adv.) (20)	d'ici	from here	von hier
herlig (adj.) (17)	magnifique, exquis	delightful	herrlich, wunderbar
herresykkel (-en) (16)	vélo pour homme	man's bicycle	Herrenfahrrad
hest (-en) (13)	cheval	horse	Pferd
hete (st.) (1)	s'appeler	be called, be named	heißen
hilsen (-en) (5)	salutation	greeting	Gruß
himmel (-en) (3)	ciel	sky	Himmel
historie (-en/-a) (12)	histoire	story	Geschichte
hittil (adv.) (22)	jusqu'ici, jusqu'à maintenant	until now	bisher, bislang
hjelm (-en) (20)	casque	helmet	Helm
hjelp (-en/-a) (12)	aide, assistance	help, aid, assistance	Hilfe
takk for hjelpen (21)	merci pour votre aide	thank you for helping	vielen Dank (für die Hilfe)
hjelpe (st.) (14)	aider	help	helfen
hjem (adv.) (12)	à la maison	home	nach Hause
hjem (-met)	le foyer	home	Heim, Zuhause, Heimat
hjemme (adv.) (14)	à la maison	(at) home	zu Hause
hjertelig (adj./adv.) (5)	cordial (ement)	heartily, cordially	herzlich
hjul (-et) (17)	roue	wheel	Rad
hode (-et) (9)	tête	head	Kopf
holde (st.) (16)	tenir	hold, keep	halten
holde et løfte (21)	tenir une promesse	keep a promise	ein Versprechen halten
hold deg her! (18)	restes-là!	stay here!	bleibe hier!
holde på med (20)	être occupé à, être en train de	be occupied with	mit etwas beschäftigt sein
holde på å (19)	faillir	nearly, be just about to	dabei sein, nahe dran sein

holde seg på avstand (19)	garder sa distance	keep a distance	sich auf Abstand halten
holde tett (21)	garder un secret	keep a secret	dicht halten
holde til i (13)	occuper, être installé à	stay at	wohnen, leben, sich befinden
holde øye med (16)	tenir à l'oeil	keep an eye on	ein Auge halten auf
hoppe (sv.gr.1) (21)	sauter	jump	springen
hos (prep.) (1)	chez	by, with	bei
hotell (-et) (5)	hôtel	hotel	Hotel
hovedmann (-en) (12)	l'accusé principal, «le cerveau»	ringleader, the man behind it all	Drahtzieher
hovedstad (-en) (19)	capitale	capital	Hauptstadt
hovedvei (-en) (16)	route principale	main road	Hauptstraße
humør (-et) (13)	humeur	mood	Laune, Gemüt
hun (pron.) (1)	elle	she	sie
hund (-en) (13)	chien	dog	Hund
hurtig (adj.) (8)	rapide	quick, rapid, fast	schnell, rasch, hurtig
hus (-et) (3)	maison	house	Haus
huske (sv.gr.1) (11)	se souvenir de, se rappeler	remember	sich erinnern
hva (pron.) (1)	qu'est-ce que/qui, quoi	what	was
hva som helst (15)	n'importe quoi	anything	was auch immer
hvem (pron.) (8)	qui	who	wer
hver (pron.) (4)	chaque, chacun	each, every	jede(r)
hverandre (pron.) (24)	les uns les autres, réciproquement	each other	einander
hverdag (-en) (20)	jour de la semaine	weekday	Alltag, Wochentag
hverdagsmat (-en) (23)	repas/nourriture de tous les jours	everyday food	alltägliches Essen
hvile ut (sv.gr.2) (18)	se reposer	rest	ausruhen
hvilken (pron.) (7)	quel	which	welche(r)
hvis (subj.) (11)	si	if	falls, wenn
hvit (adj.) (5)	blanc	white	weiß
hvitmalt (adj./part) (20)	peint en blanc	painted white	weiß gestrichen
hvor (adv.) (1)	ou	where	wo
hvor mange (3)	combien	how many	wie viele
hvordan (adv.) (10)	comment	how	wie
hvordan går det? (5)	comment ça va?	how are you?	wie geht's?
hvorfor (adv.) (4)	pourquoi	why	warum
hybel (-en) (15)	studio	lodging	besitter Bude, ein Zimmer
hyggelig (adj.) (8)	sympathique, confortable, agréable	nice, agreable	nett, freundlich
hylle (-en/-a) (7)	étagère	shelf	Regal
hytte (-a) [-en] (14)	cabane, chalet	cottage	Hütte
høre (sv.gr.2) (8)	entendre, écouter, apprendre	hear	hören
hør her! (16)	écoute-moi!	listen here!	hör mal zu!
høre til (19)	appartenir	belong to	zugehören, angehören
høst (-en) (19)	automne	autumn	Herbst
høy (adj.) (4)	haut	tall	hoch
høyfjell (-et) (23)	la haute montagne	high mountain area	Hochgebirge
høyre (adj./sub.) (11)	droit, la droite	right	rechts
hånd (-en/-a) (16)	main	hand	Hand
håndjern (-et) (21)	menottes	handcuffs	Handschellen
håp (-et) (24)	espoir	hope	Hoffnung
håpe (sv.gr.1, 2) (4)	espérer	hope	hoffen

I

i (prep.) (1)	dans, à, en, pendant	in	in
i alle dager! (9)	(expression d'étonne-ment)	what? (expression of surprise)	Herrjeh!
i alle fall (7)	en tout cas	in any case, here: definitely	auf jeden Fall
i dag (7)	aujourd'hui	today	heute
i det hele tatt (14)	en général	all in all	überhaupt
ikke i det hele tatt	pas du tout	not at all	überhaupt nicht
i fjor (19)	l'année dernière	last year	letztes Jahr
i 14 dager (5)	pendant	for two weeks, for a fortnight	14 Tage
i forbindelse med (23)	en rapport avec	in connection with	in Verbindung mit
i forfjor (19)	il y a deux ans	the year before last (year)	vorletztes Jahr
i forgårs (19)	avant-hier	the day before yesterday	vorgestern
i går (8)	hier	yesterday	gestern
i overmorgen (7)	après-demain	the day after tomorrow	übermorgen
i stedet (13)	à la place	instead of	anstatt
i år (10)	cette année	this year	dieses Jahr
idé (-en) (18)	idée	idea	Idee
ideell (adj.) (21)	idéal	ideal, perfect	ideal
identitet (-en) (13)	identité	identity	Identität
idet (subj.) (6)	au moment où, («en» + part.prés.)	as, when	in dem Augenblick, indem
igjen (adv.) (7)	encore, encore une fois, de nouveau	again	wieder
ikke (adv.) (2)	ne ... pas	not	nicht
imot (prep.) (18)	vers, contre	against	gegen
imponert (adj./part) (20)	impressionné	impressed	beeindruckt
ingen (kvan.) (6)	personne, aucun, nul	nobody	niemand
ingenting (kvan.) (8)	rien	nothing	nichts
inn (adv.) (2)	à l'intérieur	inside, in	hinein, herein
gå inn	entrer	enter, go into	hineingehen
inne (adv.) (6)	à l'intérieur	inside, in, indoors	drinnen
innen (adv./konj.) (23)	avant, avant que	before, within	bevor, binnen
inngang (-en) (11)	entrée	entrance	Eingang
innleggelse (-en) (11)	hospitalisation	hospitalization	Einweisung (Krankenhaus)
innrede (sv.gr.1) (24)	amenager	decorate	einrichten
innvielsesfest (-en) (24)	«crémaillère»	«house warming party»	Einweihungsfest
intelligent (adj.) (18)	intelligent	intelligent	intelligent
interessant (adj.) (8)	intéressant	interesting	interessant
interesse (-en) (15)	intérêt	interest	Interesse
noe av interesse (15)	qqch. d'intéressant	sth. of interest	etwas von Interesse
interessert (adj.) (12)	intéressé	interested	interessiert
intervju (-et) (24)	interview	interview	Interview
invitasjon (-en) (14)	invitation	invitation	Einladung
invitere (sv.gr.2) (24)	inviter	invite	einladen
isbjørn (-en) (13)	ours blanc	polar bear	Eisbär
isbre (-en) (13)	glacier	glacier	Gletscher
iskald (adj.) (16)	glace	ice-cold	eiskalt
især (adv.) (21)	surtout	especially	besonders
italiensk (adj.) (7)	italien	Italian	italienisch

J

ja (interj.) (1)	oui	yes	ja
ja da (14)	oui, comme tu veux	yes, all right!	ja, natürlich
ja så (18)	tiens! par exemple, ah bon?	really! indeed!	ach so
ja vel! (18)	bien!	good! ok!	wie du willst!

ja visst! (6)	mais oui!	yes, certainly!	ja, sicher!
jakke (-en/-a) (12)	veste	coat, jacket	Jacke
jakt (-en) (13)	chasse	hunt	Jagd
januar (10)	janvier	January	Januar
jeg (pron.) (1)	je	I	ich
jente (-a) [-en] (21)	fille	girl	Mädchen
jern (-et) (9)	fer	iron	Eisen
jetfly (-et) (19)	avion à réaction	jet plane	Düsenflugzeug
jo (interj.) (3)	(mais si!)	yes (affirming)	doch
jo (adv.)	puisque, comme vous le savez	yes	ja
jobb (-en) (14)	job, emploi, boulot	job, work	Job, Arbeit
jobbe (sv.gr.1) (14)	travailler	work	arbeiten
jommen (adv.) (24)	en effet	certainly, definitely	tatsächlich
journalist (-en) (12)	journaliste	journalist	Journalist(in)
julebord (-et) (20)	repas/festin de Noël	Christmas dinner	vorweihnachtliches Essen im Restaurant
juli (10)	juillet	July	Juli
juni (10)	juin	June	Juni

K

kabin (-en) (17)	cabine	cabin	Kabine
kafé (-en) (14)	café (l'endroit	café	Café
kafeteria (-en) (4)	cafétéria	cafeteria	Cafeteria
kaffe (-en) (1)	café (le boisson)	coffee	Kaffee
kake (-en/-a) (9)	gâteau, tarte	cake	Kuchen
kald (adj.) (5)	froid	cold	kalt
kalles (st.) (18)	être appelé	be called	genannt werden
kanarifugl (-en) (13)	canari	canary(bird)	Wellensittich
kanskje (adv.) (5)	peut-être	maybe	vielleicht
kantine (-en/-a) (13)	cantine	canteen	Kantine
karakterisere (sv.gr.2) (18)	caractériser	characterize	charakterisieren
karbonade (-en) (4)	steack hâché	hamburger, minced steak	Frikadelle
kart (-et) (2)	plan, carte géographique	map	Karte
kasse (-en/-a) (15)	caisse	box, here: cash register	Kasse
kassett (-en) (21)	cassette	cassette	Kassette
kassettspiller (-en) (22)	lecteur à cassette	cassette player/recorder	Kassettenspieler
kaste (sv.gr.1) (15)	jeter	throw	werfen
kaste av (19)	lancer de, jeter de	throw off	abspringen, abwerfen
kaste opp (11)	vomir	vomit	sich übergeben
katt (-en) (13)	chat	cat	Katze
kilo (-en/-et) (5)	kilo	kilo	Kilo
kilometer (-en) (3)	kilomètre	kilometre	Kilometer
kino (-en) (10)	cinéma	cinema	Kino
kirurgisk (adj.) (11)	chirurgical	surgical	chirurgisch
kjeller (-en) (24)	cave	cellar	Keller
kjempefin (adj.) (14)	très bien, «super»	very fine! superb!	super, sehr schön, großartig
kjenne (sv.gr.2) (11)	connaître, sentir	get to know, be acquainted with	kennen, merken
kjenne igjen (17)	reconnaître	recognize	wiedererkennen
kjær (adj.) (5)	cher	dear	lieb
kjøkken (-et) (15)	cruisine	kitchen	Küche
kjøkkendør (-en/-a) (15)	porte de cuisine	kitchen door	Küchentür
kjølig (adj.) (23)	frais (relativement froid)	cool, chilly	kühl
kjøpe (sv.gr.2) (5)	acheter	buy	kaufen
kjøre (sv.gr.2) (2)	conduire, rouler	drive	fahren
klar (adj.) (9)	a/ transparent, lucide b/ prêt	a/ transparent, clear b/ready	klar

klare (sv.gr.2) (12)	se débrouiller, maîtriser	manage	schaffen
klikk (-et) (16)	déclic	click	Klicken
klokke (-en/-a) (8)	montre, pendule, horloge	clock, watch, here: at ... (o'clock)	Uhr, Glocke
klær (fl.t.) ureg. (16)	vêtements	clothes	Kleidung
kne (-et) (16)	genou	knee	Knie
knuse (sv.gr.2) (21)	écraser, casser	crush, break, here: smashed, shattered	zerschlagen, zerbrechen
koffert (-en) (7)	valise	suitcase	Koffer
kokk (-en) (29)	cuisinier	cook	Koch
koldtbord (-et) (20)	buffet froid	buffet	kaltes Büfett
kollega (-en) (24)	collègue	colleague	Kollege
komme (st.) (1)	venir, arriver	come, arrive	kommen
komme seg (11)	se sentir mieux, aller mieux	recover	sich erholen
komme til seg selv (11)	revenir à soi, reprendre ses esprits	come to (oneself)	zu Bewusstsein gelangen
komme til å (12)	a/ je vais. (futur) b/ avoir le malheur de	I will ... (future)	werden
konditori (-et) (9)	salon de thé, pâtisserie	tea-room(s)	Konditorei
kone (-a) [-en] (13)	femme, épouse	wife	Frau
kontakt (-en) (14)	contact	contact	Kontakt
kontor (-et) (11)	bureau	office	Büro
kontrakt (-en) (24)	contrat, bail	contract	Vertrag
kontrast (-en) (20)	contraste	contrast	Kontrast, Gegensatz
kontroll (-en) (22)	contrôle	control	Kontrolle, Überprüfung
konvolutt (-en) (15)	enveloppe	envelope	Briefumschlag
kopp (-en) (1)	tasse	cup	Tasse
korridor (-en) (11)	couloir	corridor	Flur
kort (adj.) (17)	court, bref	short, brief	kurz
kort (-et) (5)	carte (postale, de visite etc.)	card (postcard etc.)	Karte, Postkarte
koste (sv.gr.1) (6)	coûter	cost	kosten
kotelett (-en) (22)	côtelette	chop, cutlet	Kotelett
kraftig (adj.) (19)	vigoreux, fort puissant	strong, severe	kräftig, stark, fest
krage (-en) (16)	col	collar	Kragen
kreve (sv.gr.3) (22)	exiger	demand	verlangen
kriminalroman (-en) (7)	roman policier	detective story	Kriminalroman
kriminalsak (-en/-a) (12)	affaire criminelle	criminal case	Strafsache
krone (-en/-a) (4)	couronne	crown	Krone
krysse (sv.gr.1) (24)	croiser	cross	kreuzen, überqueren
krysse fingrene (24)	se croiser les doigts	cross one's fingers	den Daumen drücken
kryssord (-en/-et) (18)	mots croisés	crossword puzzle	Kreuzworträtsel
ku (-a/-en) (23)	vache	cow	Kuh
kullgruve (-en/-a) (13)	mine de charbon	coal mine	Kohlengrube
kunne (st.) (2)	pouvoir, savoir	be able to	können
kurs (-en) (17)	route, direction	course, direction	Kurs, Richtung
legge kursen mot (17)	faire route vers	set ones course towards, head for	auf ein Ziel Kurs nehmen
kvart over (8)	et quart	quarter past	viertel nach
kvart på (8)	moins le quart	quarter to	viertel vor
kvarter (-et) (8)	quart d'heure	quarter of an hour	Viertelstunde
kveld (-en) (5)	soir	evening	Abend
i kveld (5)	ce soir	this evening/tonight	heute Abend
kyst (-en) (13)	côte	coast	Küste
køye (-en/-a) (10)	couchette	berth	Koje, Bett

la (st.) (4)	laisser	let	lassen
la meg få lov til ... (7)	permettez-moi de ..	permit me to	...darf ich .../laß' mich ...
la være å (23)	s'abstenir de, arrêter	to refrain from, stop	etwas (unter)lassen
lage (sv.gr.1, 3) (8)	faire, préparer, composer, créer	make, prepare	machen, herstellen
laks (-en) (8)	saumon	salmon	Lachs
land (-et) (21)	pays	country	Land
lande (sv.gr.1) (17)	atterrir	land	landen
landingshjul (-et) (17)	roue d'atterrissage	landing wheel	Fahrwerk
landskap (-et) (17)	paysage	landscape, scenery	Landschaft
landskapsbilde (-et) (18)	photo/peinture de paysage	landscape (painting/photograph)	Landschaftsbild
lang (adj.) (3)	long	long	lang
2 km lang (3)	2 km de longeur	2 km long	2 km lang
langs (prep.) (14)	le long de	along	entlang, an
langsom (adj.) (12)	lent	slow	langsam
langt (adj.) (8)	loion	far	weit
lastebil (-en) (4)	camion	truck	Last(kraft)wagen
lav (adj.) (18)	bas	low	niedrig
leder (-en) (8)	directeur, chef	leader, director	Leiter, Direktor
ledig (adj.) (2)	non occupé, libre, vacant	free, vacant	frei, nicht besetzt
lege (-en) (11)	médecin	doctor	Arzt
legge (st.) (7)	mettre, poser	put	legen
legge igjen (13)	laisser	leave behind	zurücklassen
legge inn (11)	hospitaliser	hospitalize	einweisen (Krankenhaus)
legge på røret (16)	raccrocher	hang up (the phone)	auflegen
legge sammen (15)	plier, assembler, additionner	fold (up)	zusammenlegen
legge seg til å sove (16)	se mettre à dormir	go to sleep	sich schlafen legen
legge til (kaien) (19)	aborder, faire escale	go alongside (the quay), doch, berth	anlegen
leie (sv.gr.3) (22)	louer	rent, hire	mieten
leilighet (-en) (21)	appartement	apartment, flat	Wohnung
lek (-en) (15)	jeu	game	Spiel
leke/leike (sv.gr.1,2) (19)	jouer	play	spielen
lekker (adj.) (20)	délicieux	delicious	lecker, appetitlich
leksjon (-en) (1)	leçon	lesson	Lektion
lenge (adv.) (10)	longtemps	a long time	lange (Zeit)
lenger (adv.) (15)	plus longtemps	longer	länger
ikke lenger	plus	no longer	nicht länger, nicht mehr
lenger (adv.): langt (18)	plus loin	further	weiter
lese (sv.gr.2) (7)	lire	read	lesen
lete etter (sv.gr.2) (18)	chercher	look for	suchen nach
lett (adj.) (14)	léger	light	leicht, einfach
lett (adj.) (16)	facile	easy	
lettet (adj.) (17)	soulagé	relieved	erleichtert
lettøl (-en/-et) (4)	bière allégée	beer with a very low alcohol content	Dünnbier, Bier mit wenig Alkohol
leve (sv.gr.3) (5)	vivre	live	leben
levende (adj./part) (5)	vivant	living, here: live	lebendig, lebend
leverpostei (-en) (4)	pâté de foie	liver paste	Leberpastete, Leberwurst
ligge (st.) (5)	être couché	lie	liegen
like (adv.) (6)	juste à côté de	near, close to, close by	ganz in der Nähe von
like etter (21)	juste après	just after	kurz danach, kurz darauf
like (sv.gr.2) (7)	aimer (bien)	like	mögen, gern haben

likevel (adv.) (12)	néanmoins, tout de même	after all	trotzdem
likne/ligne (sv.gr.1) (9)	ressembler à	resemble	ähneln, gleichen
liste (-en/-a) (13)	liste	list	Liste
liten (adj.) (3)	petit	small	klein
liter (-en) (5)	litre	litre	Liter
litt (adv.) (9)	un peu	a little	etwas, ein bisschen
litt (adv.) (12)	un peu de temps	a little time, a short while (coll: a second)	kurz, kurze Zeit
litt ut i juli (14)	vers la mi-juillet	early in July	Anfang Juli
liv (-et) (23)	vie	life	Leben
være i live (23)	être en vie	be alive	am Leben sein
lomme (-en/-a) (8)	poche	pocket	Tasche
loppemarked (-et) (24)	marché aux puces	flea market	Flohmarkt
love (sv.gr.1, 3) (21)	promettre	promise	versprechen
lovlig (adj.) (21)	légal, légitime	legal	erlaubt, gesetzlich
lue (-en/-a) (9)	bonnet	cap	Mütze
luft (-en/-a) (9)	air	air	Luft
luftpost (-en) (6)	par avion	air mail	Luftpost
luke (-en/-a) (6)	guichet	counter	Schalter(luke)
lukke (sv.gr.1) (12)	fermer	close	schließen
lukke opp (20)	ouvrir	open	öffnen, aufmachen
lunsj (-en) (20)	déjeuner	lunch	Lunch
lyd (-en) (20)	bruit, son	sound	Laut, Geräusch
lydløs (adj.) (16)	sans bruit	noiseless, silent	lautlos
lyng (-en/-et) (23)	bruyère	heather	Heidekraut
lys (adj.) (4)	clair, lumineux	light	hell
lys (-et) (20)	lumière	light	Licht, Kerze
lyse (sv.gr.2) (20)	briller	shine	leuchten
lyseblå (adj.) (18)	bleu clair	light blue	hellblau
lysegul (adj.) (11)	jaune clair	light yellow	hellgelb
lyspunkt (-et) (12)	point lumineux, chose consolante	bright spot	Lichtblick
lyst (-en/-a) (12)	plaisir, envie	pleasure	Lust
ha lyst til å (12)	avoir envie de (faire)	fancy, feel like doing sth.	Lust haben, etwas zu tun
ha lyst på noe (20)	avoir envie de qqch.	fancy, desire sth.	auf etwas Lust haben
lærer (-en) (1)	professeur	teacher	Lehrer(in)
lærjakke (-en/-a) (16)	veste en cuir	leather jacket	Lederjacke
løfte (sv.gr.1) (14)	soulever	lift	heben
løfte av røret (14)	décrocher	pick up the receiver	aufheben, aufnehmen
løfte (-et) (21)	promesse	promise	Versprechen, Zusage
løk (-en) (4)	oignon	onion	Zwiebel
lønn (-en/-a) (24)	salaire	pay, wages	Lohn, Gehalt
løpe (st.) (15)	courir	run	laufen, rennen
i løpet av (17)	au cours de	during, in the course of	im Laufe ...
lørdag (7)	samedi	Saturday	Samstag
løs (adj.) (21)	libre, qui n'est pas attaché	loose, not fastened	locker, frei
løse (sv.gr.2) (18)	dénouer, résoudre	solve	(auf)lösen, lockern
lån (-et) (24)	prêt, emprunt	loan	Darlehen
låne (sv.gr.2) (19)	emprunter, prêter	borrow, lend	leihen
låse (sv.gr.2) (20)	fermer à clé	lock	(auf)schließen

M

mage (-en) (11)	estomac, ventre	stomach	Magen, Bauch
mai (10)	mai	May	Mai
majones (-en) (4)	mayonnaise	mayonnaise	Mayonnaise
male (sv.gr. 2) (23)	peindre	paint	malen, anstreichen
man (pron.) (15)	on	one	man
mandag (7)	lundi	Monday	Montag

mange (kvan.) (3)	beaucoup (de)	many, a lot of	viele
mange takk (6)	merci bien	many thanks	vielen Dank
mann (-en) (4)	homme	man	Mann
marked (-et) (24)	marche	market	Markt
mars (10)	mars	March	März
maskin (-en) (17)	appareil (avion)	machine	Maschine
mat (-en) (8)	nourriture	food	Essen
materiale (-et) (21)	documents, documentation	material, documentation	Material, Unterlagen
med (prep.) (1)	avec	with	mit
med det samme (11)	tout de suite	at once	gleich
medarbeider (-en) (21)	collaborateur	co-worker, colleague	Mitarbeiter
medlem (-met) (11)	membre	member	Mitglied
meg (pron.) (4)	me, moi	me	mich
meget (adv.) (18)	très	very	viel
melde (sv.gr.2) (15)	annoncer, dénoncer	state, announce	melden, mitteilen
melde seg (15)	s'annoncer, se présenter	report, give oneself up	sich melden
melk (-en/-a) (4)	lait	milk	Milch
mellom (prep.) (5)	entre	between	zwischen
men (konj.) (7)	mais	but	aber
mene/meine (sv.2.kl) (15)	penser, croire, être d'avis	think, believe, have an opinion	meinen
menneske (-et) (13)	homme, être humain	human being	Mensch
mens (subj.) (10)	pendant que, alors que, tandis que	while	während, solange
mer (adj.): mye (12)	plus	more	mehr
merke (sv.gr.1) (11)	sentir, s'apercevoir, palper	merken, tasten	
merkelig (adj.) (8)	étrange, singulier	strange, peculiar, singular	merkwürdig, seltsam
middag (-en) (8)	dîner	dinner	Mittag(essen)
midnattsol (-en/-a) (11)	soleil de minuit	midnight sun	Mitternachtssonne
midt (adv.) (16)	au milieu de	in the middle of	mitten
midtsommernatt (-en/-a) (22)	nuit de la St. Jean	midsummer night	Mittsommernacht
miljø (-et) (15)	milieu	milieu, circles	Milieu, Umwelt
million (-en) (23)	million	million	Million
min (pron.) (13)	mon	my, mine	mein
mineralvann (-et) (4)	eau minérale, eau gazeuse	mineral water	Mineralwasser, Selters
minne (-et) (11)	souvenir	memory, remembrance	Erinnerung, Andenken
minst (adv.) (8)	le moins, au moins	at least	wenigstens
minste (adj./adv.): liten (17)	le plus petit	the smallest	(der, die, das) kleinste
ikke det minste (17)	du moins	at least	wenigstens
minutt (-et) (9)	minute	minute	Minute
mistanke (-en) (22)	soupçon	suspicion	Verdacht
miste (sv.gr.1) (11)	perdre	lose	verlieren
mistenke (sv.gr.2) (12)	soupçonner	suspect	verdächtigen
mistenkelig (adj.) (17)	suspect	suspicious	verdächtig
modell (-en) (23)	modèle	model	Modell, Jahrgang
mord (-et) (14)	meurtre, assassinat	murder	Mord
mordkommisjonen (18)	brigade des homicides	murder squad, homicide division	Mordkommission
morgen (-en) (1)	matin	morning	Morgen
i morgen (1)	demain	tomorrow	morgen
morgenkåpe (-en/-a) (11)	robe de chambre	dressing gown	Morgenmantel
i morges (19)	ce matin (passé)	this morning	heute morgen
mot (-et) (18)	courage	courage	Mut
ta mot til seg (18)	s'encourager	pluck up/summon one's courage, take heart	Mut fassen

mot (prep.) (16)	vers, contre, envers	towards	gegen
motorsykkel (-en) (13)	moto	motorcycle	Motorrad
mulig (adj.) (11)	possible	possible	möglich
mye (adv./adj./ (10)	beaucoup de	much, a lot of	viel
mye godt (4)	de bonnes choses	lots of tasty (food)	viel Gutes (zu essen)
mystisk (adj.) (9)	mystérieux	mysterious	mysteriös, rätselhaft
møbel (-et) (24)	meuble	furniture	Möbel
mørk (adj.) (3)	obscur, sombre, foncé	dark, obscure	dunkel
mørkerom (-met) (24)	chambre noire	darkroom (for processing photographs)	Dunkelkammer
mørkerød (adj.) (20)	rouge foncé	dark red	dunkelrot
måned (-en) (10)	mois	month	Monat
måte (-en) (23)	manière	way	Weise
på en eller annen måte (23)	d'une manière ou d'une autre	(in) one way or another, somehow	in irgendeiner Weise
måtte (st.) (4)	devoir, falloir, être obligé de	have to, be obliged to	müssen

N

nabo /-en) (22)	voisin	neighbour	Nachbar
naiv (adj.) (14)	naïf	naive	naiv
narkotikum (-et) (14)	drogue	drugs, narcotics	Narkotikum
natt (-en/-a) (11)	nuit	night	Nacht
nattbord (-et) (16)	table de nuit	bedside table	Nachttisch
nattevakt (-en/-a) (16)	garde de nuit	night watch(man)	Nachtwache, Nachtwächter
natur (-en) (10)	nature	nature	Natur
navn (-et) (13)	nom	name	Name
navngitt (adj.) (12)	nommé	mentioned by name	namentlich genannt
nede (adv.) (4)	en bas	down, here: downstairs	unten
nederst (adj./adv.) (18)	inférieur, au fond, le plus bas	at the far end of, lowest, at the bottom	unterst, ganz unten
nei (interj) (1)	non	no	nein
nei da (14)	mais non	certainly not, by no means, not at all	aber nein
nekte (sv.gr.1) (21)	nier	refuse	verneinen, ablehnen, leugnen
nemlig (adv.) (19)	à savoir, en effet, c'est que	in fact	nämlich, zwar
neste (adj.) (9)	prochain	next, following	(der, die das) nächste
neste dag (9)	le lendemain	next day	am nächsten Tag
nettopp (adv.) (12)	justement, récemment, précisément	recently, just	genau, gerade
noe (kvan.) (7)	quelque chose, un peu	something	etwas
noen (kvan.) (5)	quelqu'un	someone	jemand
nok (adv.) (13)	a/ assez, suffisamment b/ sans doute, bien	enough	genug
god nok (16)	suffisamment bon	good enough	gut genug
få nok av (19)	en avoir assez de	have enough of	genug bekommen von
nordlig (adj.) (13)	septentrional	northern	nördlich
nordligst (13)	le plus septentr.	northern most	nördlichst
nordmann (-en) (13)	Norvégien	Norwegian	Norweger(in)
nordover (adv.) (2)	vers le nord	towards the north, northerly	nordwärts, nach Norden
normal (adj.) (17)	normal	normal	normal
norsk (adj./sub.) (1)	norvégien	Norwegian	norwegisch

notere (sv.gr.2) (20)	noter, prendre des notes	record, take down notes	notieren, aufschreiben
novelle (-en/-a) (7)	nouvelle	short story	Novelle
november (10)	novembre	November	November
nummer (-et) (2)	numéro	number	Nummer
ny (adj.) (8)	nouveau	new	neu
nydelig (adj.) (5)	joli, délicieux	beautiful	(wunder)schön, köstlich
nyhet (-en) (15)	nouvelle, information	a piece of news	Neuheit, Nachricht
nyte (st.) (23)	déguster, jouir de, apprécier	enjoy	genießen
nytte (-en/-a) (21)	utilité	use	nutzen, gebrauchen
være til nytte (21)	être utile	be of use	von Nutzen sein
nyttig (adj.) (21)	utile	useful	nützlich
nær (adj.) (14)	près	close	nah
nærhet (-en) (14)	proximité	neighbourhood	Nähe
i nærheten av (14)	à proximité de	close to	in der Nähe von
nærmest (adv.) (15)	plutôt	nearest, closest	nächst, am nächsten
nødt (adj./part) (16)	obligé	obliged to	gezwungen, genötigt
være nødt til (16)	être obligé de	be obliged to, have to	etwas tun müssen
nødvendig (adj.) (18)	nécessaire	necessary	notwendig
nøkkel (-en) (20)	clé	key	Schlüssel
nå (adv.) (3)	à présent, maintenant	now	jetzt, nun
nå (st.) (16)	atteindre, arriver à, parvenir à	reach, arrive at, come to	erreichen
nå fram til (16)	atteindre	reach	anlangen, gelangen an
når (konj.) (8)	quand	when	wenn

O

offer (-et) (21)	victime	victim	Opfer
ofte (adv.) (19)	souvent	often	oft
og (konj.) (1)	et	and	und
også (adv.) (4)	aussi, également	also	auch
oktober (10)	octobre	October	Oktober
olabukse (-en/-a) (16)	«blue jean»	jeans	Blue Jeans
oljefelt (-et) (21)	terrain/champ pétrolifère	oilfield	Bohrfeld, Ölfeld
oljeutvinning (-en/-a) (21)	exploitation pétrolière	oil extraction, oil drilling	Ölbeförderung
om (subj.) (12)	si	weather, if	ob
om (prep.) (10)	sur	about	über
om (9)	dans	in	in
om (7)	pendant, en	in	an
om bord (21)	à bord	on board	an Bord
om en time (9)	dans une heure	in an hour	in einer Stunde
om morgenen (7)	le matin (en général)	in the morning	am Morgen
omgang (-en) (24)	tour	round	Runde, Wechsel
i første omgang (24)	en premier lieu	for the time being, for the moment	vorerst, zuerst
omkring (adv./prep.) (20)	autour, un peu partout	round, around, about	herum
omtrent (adv.) (13)	environ, à peu pres	approximately	etwa
omvisning (-en) (8)	visite guidée	guided tour	Führung
ond (adj.) (18)	mauvais, méchant	evil	böse
onsdag (7)	mercredi	Wednesday	Mittwoch
operere (sv.gr.2) (11)	opérer	operate	operieren
opp (adv.) (7)	en haut	up	hinauf, herauf
opp-ned (adv.) (9)	dessus-dessous	upside down	umgekehrt
oppdage (sv.gr.1) (22)	découvrir	find, spot, discover	entdecken
oppdrag (-et) (19)	mission, tâche	mission	Auftrag

oppgave (-en/-a) (18)	problème, tâche, devoir, exercice	task, assignment, exercise	Aufgabe, Rätsel
oppgitt (adj./adv.) (18)	désespéré	resigned, in despair	mutlos, entmutigt
opphold (-et) (11)	séjour	stay	Aufenthalt
oppholdstillatelse (-en) (24)	permis de séjour	residence permit	Aufenthaltserlaubnis
oppleve (sv.gr.3) (17)	vivre, voir, être témoin de	experience	erleben, mitmachen
opplevelse (-en) (17)	expérience, aventure	experience	Erlebnis
opplysning (-en) (15)	renseignement	a piece of information	Aufklärung, Auskunft
opptatt (adj./part) (7)	occupé	occupied, taken	besetzt
ord (-et) (12)	mot	word	Wort
orden (-en) (2)	ordre	order	Ordnung
i orden (2)	en ordre, d'accord, c'est fait	all right, ok	in Ordnung
organisasjon (-en) (12)	organisation	organization	Organisation
orke (sv.gr.1) (11)	être capable de, avoir la force de	be able to, manage	schaffen, Kraft haben
oss (pron.) (4)	nous	us	uns
ost (-en) (4)	fromage	cheese	Käse
over (prep.) (2)	a/ sur, au-dessus de b/ plus de	over, more than	über
overhodet (adv.) (22)	du tout	at all	überhaupt
overnatte (sv.gr.1) (2)	passer la nuit, coucher	spend the night	übernachten
overraske (sv.gr.1) (15)	surprendre	surprise	überraschen
overraskelse (-en) (14)	surprise	surprise	Überraschung
overvintre (sv.gr.1) (13)	hiverner, passer l'hiver	stay through the winter, spend the winter	überwintern

P

pakke (-en/-a) (6)	paquet	parcel	Paket
panne (-en/-a) (18)	front	forehead	Stirn
pannekake (-en/-a) (4)	crêpe	pancake	Pfannkuchen
papir (-et) (10)	papier	paper, a piece of paper	Papier
par (-et) (3)	pair, couple, deux ou trois, quelques	couple	Paar
et par hundre (13)	2-300	2-300 (two or three hundred)	ein paar hundert
pasient (-en) (11)	malade	patient	Patient
pass (-et) (10)	passeport	passport	Pass
passasjer (-en) (17)	passager	passenger	Passagier
peis (-en) (23)	cheminée	(open) fireplace	offener Kamin
peke (sv.gr.2) (9)	montrer de doigt, désigner, inidiquer	point at, indicate	zeigen, deuten
pen (adj.) (3)	joli, beau	pretty	schön, hübsch
penger (pl.) (12)	argent	money	Geld
person (-en) (2)	personne	person	Person
pistol (-en) (20)	pistolet	pistol	Pistole
pizza (-en) (24)	pizza	pizza	Pizza
plass (-en) (4)	place	place	Platz
plastpose (-en) (18)	sac en plastique	plastic bag	Plastiktüte
plutselig (adj./adv.) (9)	brusque (ment), tout à coup	suddenly	plötzlich
plystre (sv.gr.1) (18)	siffler	whistle	pfeifen
politi (-et) (14)	police	police	Polizei
politifullmektig (-en) (18)	adjoint juridique de la police	deputy chief constable	Polizeibeamter, Polizeirat
politiinspektør (-en) (12)	inspecteur principal de p.	assistant chief constable	Polizeidirektor

politikammer (-et) (18)	commissariat, headquarters	police station/	Polizeiwache, Polizeipräsidium
politimann (-en) (14)	policier	policeman	Polizist
politiskilt (-et) (12)	plaque de police	police badge	Polizeimarke
pose (-en) (18)	sachet	bag	Tüte
post (-en) (11)	poste	post	Post
postkasse (-en/-a) (24)	boîte aux lettres	mail box	Briefkasten
postkontor (-et) (6)	bureau de poste	post office	Postamt
presse (-en/-a) (20)	presse	press	Presse
pressekort (-et) (20)	carte de presse	press card	Presseausweis
pris (-en) (24)	prix	price	Preis
prisliste (-en/-a) (4)	tarif	price list	Preisliste
privatbil (-en) (19)	voiture particulière	private car	Personenwagen
problem (-et) (23)	problème	problem	Problem
produksjon (-en) (20)	production	production	Produktion
prøve (sv.gr.3) (7)	essayer	try	versuchen
puste ut (sv.gr.1) (17)	souffler, expirer	breathe out (in relief)	ausatmen, aufatmen
pølse (-en/-a) (4)	saucisse, saucisson	sausage, hot dog	Wurst
på (prep.) (1)	sur, à, en, dans, pendant, de	on	in, auf, an, seit, um, unter

R

radio (-en) (23)	radio	radio	Radio, Rundfunk
rapport (-en) (18)	procès-verbal, rapport	report	Bericht, Meldung
rask (adj.) (20)	rapide	quick	schnell
redd (adj.) (12)	avoir peur, peureux	afraid, scared	ängstlich, Angst haben
regne (sv.gr.1, 2) (2)	a/ pleuvoir	a/rain	a/regnen
	b/ compter, calculer	b/calculate, figure, reckon	b/rechnen
reise (sv.gr.2) (1)	voyager	travel	reisen
reise seg (15)	se lever	rise, get up, stand up	aufstehen
reiseplan (-en) (10)	itinéraire	travel plan/schedule	Reiseplan
reisesjekk (-en) (16)	chèque de voyage	traveller's cheque	
reke (-en/-a) (4)	crevette	shrimp	Krabbe, Garnele
renne (st.) (20)	couler	flow	fließen, laufen
reportasje (-en) (8)	reportage	report, coverage	Reportage, Bericht
resepsjon (-en) (10)	réception	reception	Rezeption, Empfang
rest (-en) (16)	reste	rest	Rest
retning (-en) (14)	direction, sens	direction	Richtung
rett (-en) (20)	a/ plat	a/dish, course	a/Gericht, Gang
	b/ droit, justice	b/right, justice	b/Recht
rett (adj./adv.) (20)	droit, directement	straight, direct	gerade, direkt
retur (-en) (12)	(aller)-retour	return	Rückreise
riktig (adj./adv.) (22)	vrai, juste, véritable	right, correct, true	richtig, recht, korrekt
ringe (sv.gr.2) (11)	sonner, appeler au téléphone	ring, call (by telephone)	anrufen, läuten, klingeln
riste (sv.gr.1) (18)	secouer	shake	schütteln
rive (st.) (19)	arracher, tirer	tear	reißen
rive seg løs (21)	se détacher	tear loose from, break away from	sich losreißen
rive ut (19)	arracher	tear out	(her)ausreißen
rolig (adj.) (16)	tranquille, calme, paisible	quiet, calm	ruhig
rolle (-en/-a) (12)	rôle	role	Rolle
rom (-met) (2)	chambre, pièce	room	Raum
romansk (adj.) (9)	roman	Roman	romanisch
rommelig (adj.) (24)	spacieux, vaste	spacious, large	geräumig
rope (sv.gr.2) (11)	crier, appeler	scream, shout, call	rufen

rope om hjelp (12)	appeler à l'aide	cry out for help	um Hilfe rufen
rulle sammen (sv.gr.1) (16)	rouler, enrouler	roll up, fold	zusammenrollen
rundstykke (-et) (4)	petit pain	roll	Brötchen
russer (-en) (13)	Russe	Russian	Russe, Russin
russisk (adj./sub.) (14)	russe	Russian	russisch
ryggsekk (-en) (7)	sac à dos	rucksack, back-pack	Rucksack
rynke (sv.gr.1) (18)	froncer	wrinkle	runzeln, rümpfen
rynke (-en) (18)	ride	wrinkle	Falte
rød (adj.) (3)	rouge	red	rot
røykelaks (-en) (4)	saumon fumé	smoked salmon	Räucherlachs
rømme (-en) (8)	crème fraîche épaisse	thick sour cream	saure Sahne, Sauerrahm
rør (-et) (20)	tube, tuyau	pipe	Rohr

S

sak (-en/-a) (12)	affaire	case	Sache, Fall, Prozeß
salat (-en) (8)	salade	salad	Salat
samarbeide (sv.gr.1, 4) (19)	collaborer, coopérer	cooperate	zusammenarbeiten
same (-en) (14)	lappon	Lapp	Same(in)
samle (sv.gr.1) (19)	ramasser, assembler, collectionner	collect	sammeln
samme (dem.) (12)	même	here: the same	(der, die, das) selbe
i det samme (20)	au même instant	at once, suddenly	im selben Augenblick, gleich
sammen (adv.) (6)	ensemble	together	zusammen, insgesamt
sankthansaften (22)	le soir de la St. Jean	midsummer night (June 23rd/23rd of June)	Mittsommernacht (Johannis)
samvittighet (-en) (21)	conscience	conscience	Gewissen
sann (adj.) (3)	vrai, véritable	true	wahr
ikke sant? (3)	n'est-ce pas?	isn't it? don't you think?	nicht wahr?
sans (-en) (17)	sens, sentiment de,	sense	Sinn
sans for (17)	goût de	have a liking/feeling for	Sinn für
sau (-en) (23)	mouton	sheep	Schaf
se (st.) (2)	voir, regarder	see, watch	sehen
se ... ut (18)	avoir l'air	look (like)	aussehen
se ut som om (16)	on dirait que	look as if ...	aussehen als ob
seg (pron.) (7)	se, soi, lui	- self	sich
seil (-et) (19)	voile	sail	Segel
sekund (-et) (20)	seconde	second	Sekunde
selge (st.) (5)	vendre	sell	verkaufen
selv (pron.) (11)	même	- self	selbst
selv om (subj.) (15)	même si	even if	wenn auch
selvfølgelig (adj./adv.) (7)	évident, bien entendu, evidemment	of course	selbstverständlich
selvsagt (adj./adv.) (24)	évident, bien sûr	of course	selbstverständlich
sen/sein (adj.) (2)	tardif	late	spät
sende (sv.gr.2) (6)	envoyer	send	schicken, senden
senere/seinere (adv.) (11)	plus tard	later	später
seng (-en/-a) (2)	lit	bed	Bett
sentrum (ureg.) (5)	centre, centreville	centre	Zentrum, Stadtmitte
september (10)	septembre	September	September
sete (-et) (17)	siège	seat	Sitz
sette (st.) (6)	mettre, placer poser	place, put	setzen
sette fra seg (20)	déposer	leave	etwas absetzen, dalassen
sette seg (7)	s'asseoir	sit down	sich setzen

si (st.) (3)	dire	say	sagen
side (-en/-a) (11)	côté, page	side	Seite
til side (23)	de côté	aside	zur Seite
siden (subj.) (10)	depuis que	since	seit
siden (subj.) (13)	puisque	bacause, as	weil
sikker (adj.) (15)	sûr	sure, certain	sicher
sikkerhet (-en) (20)	sûreté	safety	Sicherheit
sikkerhetshjelm (-en) (20)	casque de s.	safety helmet	Schutzhelm
sikkert (adv.) (2)	sûrement, certainement, sans aucun doute	surely, certainly	sicher, gewiss
sin (pron.) (13)	son	his/hers	sein, ihr
sist (adv.) (5)	en dernier lieu, finalement	last	zuletzt, letztes Mal
takk for sist (5)	(formule de politesse: «merci pour la dernière fois»)	expression of politeness (after previous meeting)	(Dankesformel)
den siste tiden (14)	ces derniers temps	lately	in letzter Zeit
«sisten» (19)	«au loup»	tag (children's game)	«Fangen»
sitte (st.) (7)	être assis	sit	sitzen
sjef (-en) (24)	patron, chef, directeur	leader, director	Chef, Leiter
sjekke (sv.gr.1) (18)	vérifier, contrôler	control, cheque, verify	nachprüfen
sjekke inn (17)	enregistrer (des bagages)	register, check in	einschecken
sjø (-en) (20)	mer	sea, here: waves	See, Meer
sjåfør (-en) (20)	chauffeur	chauffeur, driver	Fahrer
skadet (adj./part) (19)	blessé	hurt	verletzt, verwundet
skap (-et) (21)	placard	cupboard	Schrank
skarp (adj.) (20)	tranchant, aigu	sharp	scharf
skikkelse (-en) (20)	personnage, figure	figure	Gestalt
skilt (-et) (12)	plaque, enseigne	badge, sign	Schild
skinke (-en/-a) (4)	jambon	ham	Schinken
skinne (sv.gr.2) (9)	briller	shine	leuchten, scheinen
skittjobb (-en) (22)	boulot infect	dirty job	Drecksarbeit
skje (sv.gr.4) (14)	se passer, avoir lieu, arriver	happen	geschehen
skjegg (-et) (4)	barbe	beard	(Voll)bart
skjell (-et) (19)	coquilles	shell	Muschel
skjerm (-en) (22)	aile	wing, mudguard, fender	Schirm, Kotflügel
skjorte (-en/-a) (18)	chemise	shirt	Hemd
skjærgård (-en) (22)	archipel côtier	skerries (coastline with islands)	Schären(gürtel)
skjønne (sv.gr.2) (22)	comprendre	understand	verstehen
skole (-en) (13)	école	school	Schule
skritt (-et) (21)	pas	step	Schritt
skrive (st.) (5)	écrire	write	schreiben
skrive ut (12)	sortir de l'hôpital	be discharged from hospital	entlassen (Krankenhaus)
skrive ut en sjekk	établir/faire un chèque	write a cheque	ausschreiben, einen Check ausstellen
skrivebord (-et) (10)	bureau, table de travail	(writing)desk	Schreibtisch
skuespill (-et) (7)	pièce de théâtre	play (at the theatre)	Schauspiel
skulder (-en) (18)	épaule	shoulder	Schulter
skulle (st.) (1)	devoir, falloir	shall, be going to	sollen
skygge (sv.gr.1, 3) (21)	prendre en filature	shadow	beschatten
skyte (st.) (21)	tirer	shoot	schießen
skyte ned (21)	descendre, fusiller	shoot down	erschießen, niederschießen
skyve (st.) (20)	pousser	push, shove	schieben
slag (-et) (15)	coup	blow	Schlag

slags (-en/-et) (7)	sorte de	kind of	Art, Sorte
alle slags (7)	toute sorte de	all kinds of	jeder Art
hva slags (7)	quel (sorte de)	what kind of	welcher Art
slam (-met) (20)	vase (f.)	mud	Schlamm
slappe av (sv.gr.1) (23)	se détendre, relaxer	relax	entspannen
slik at (subj.) (16)	de sorte que	so that	so dass
slippe (st.) (17)	lâcher, laisser échapper	drop, let go,	los/aus den Augen lassen
få slippe (21)	être dispensé de	let go, let off	nicht müssen
slitt (adj.) (16)	usé	used, worn	gebraucht, abgenutzt
slutt (-en) (22)	fin	end	Schluss, Ende
slå (st.) (14)	a/ frapper, battre b/ composer un no.	hit, knock, here: dial	a/schlagen b/wählen (eine Telefonnummer)
slå ned (15)	assommer	knock down, strike	überfallen, (er)schlagen
slå på (15)	allumer, mettre	turn on	zünden, anmachen
slå seg (19)	se faire mal	get hurt	sich Weh tun
smal (adj.) (11)	étroit	narrow	schmal
smelteovn (-en) (8)	haut-fourneau	melting, furnace	Schmelzofen
smertestillende (adj./part.) (11)	analgésique	painkiller	schmerzstillend
smugle (sv.gr.1) (22)	faire contrebande	smuggle	schmuggeln
smugling (-en) (22)	contrebande	smuggling	Schmuggeln
smør (-et) (4)	beurre	butter	Butter
smørbrød (-et) (4)	tartine garnie, «sandwich ouvert»	open sandwich	Butterbrot
småjobb (-en) (22)	travail intérimaire	small job, odd job	Gelegenheitsarbeit
snakke (sv.gr.1) (9)	parler	talk, speak	reden, sprechen
du snakker om (17)	quel ... tu parles d'un ...	«What a ...!»	von wegen ...
snart (adv.) (4)	bientôt	soon	bald
så snart (subj.) (23)	dès que	as soon as	sobald
snike seg (st.) (16)	se glisser	sneak, steal away	sich schleichen
snill (adj.) (21)	gentil, aimable	kind	lieb, gut
vær så snill (21)	je vous prie, je vous en supplie, veuillez (avoir l'obligeance de)	please	bitte
snu deg (sv.gr.4) (20)	se tourner	turn around	dreh dich um
snø (-en) (9)	neige	snow	Schnee
sofa (-en) (24)	canapé	sofa	Sofa
sol (-en/-a) (9)	soleil	sun	Sonne
solskinn (-et) (11)	(la clarté du) soleil	sunshine	Sonnenschein
som (subj.) (4)	que (relatif)	that, which	der, die, das (Relativ)
som (12)	en tant que	that, which	als, wie
som om (subj.) (23)	comme si	as if	als ob
sommer (-en) (19)	été	summer	Sommer
sove (st.) (10)	dormir	sleep	schlafen
sovetablett (-en) (19)	somnière	sleeping pill	Schlaftablette
soveværelse (-et) (24)	chambre à coucher	bedroom	Schlafzimmer
spansk (adj./sub.) (7)	espagnol	Spanish	spanisch
spennende (adj.) (7)	captivant, passionnant	exciting	spannend
spesialist (-en) (18)	spécialiste	specialist	Spezialist
spesiell (adj.) (18)	spécial	special	speziell
spille/spelle (sv.gr.2) (12)	jouer	play, act	spielen
spille av (22)	écouter	play	abspielen
spionsak (-en/-a) (12)	affaire d'espionage	case of espionage	Spionsache
spise (sv.gr.2) (4)	manger	eat	essen
spise middag (8)	dîner	eat dinner	zu Mittag essen

spisebord (-et) (24)	grande table	dining table	Esstisch
spisesal (-et) (20)	salle à manger	dining room	Essaal
spor (-et) (15)	trace	track, trace, clue	Spur
springe (st.) (19)	sauter, bondir courir	run	springen, laufen
spørre (st.) (2)	demander	ask	fragen
spørsmål (-et) (18)	question	question	Frage
stakkars (adj./sub.) (23)	pauvre, malheureux	poor, unfortunate	arm, unglücklich
stang (-en/-a) (16)	perche, canne	here: cross-bar	Stange, Mast
stanse (sv.gr.1) (9)	s'arrêter	stop	halten
stavkirke (-en/-a) (9)	église en bois debout	stave church	Stabkirche
sted (-et) (2)	endroit, lieu, localité	place	Ort, Siedlung
steinkirke (-en/-a) (9)	église en pierre	stone church	Steinkirche
stemme (-en) (14)	voix	voice	Stimme
stemme (sv.gr.2) (20)	être juste, être normal, «coller»	be right, normal, in order	stimmen
stille (sv.gr.2) (21)	poser, placer, ranger	place	stellen, ordnen
stille seg opp (21)	se placer, se mettre	here: line up	sich aufstellen
stilling (-en/-a) (20)	position, pose, attitude	position	Stellung, Position
stilling (-en/-a) (24)	poste, situation	post, job, position, appointment	Anstellung
stirre (sv.gr.1) (15)	regarder fixément	stare	starren
stiv (adj.) (16)	rigide, raide, transi, engourdi	stiff	steif
stjele (st.) (22)	voler	steal	stehlen
stoff (-et) (12)	matière, substance, sujet	material	Stoff
stol (-en) (2)	chaise	chair	Stuhl, Sessel
stoppe (sv.gr.1) (3)	s'arrêter	stop	halten
stor (adj.) (3)	grand	large, big	groß
straks (adv.) (24)	aussitôt, immédiatement	at once, immediately	gleich
strand (-en/-a) (16)	plage, grève	beach	Strand
streng (adj.) (22)	sévère, rigoureux	strict, severe	streng, strikt
stripe (-en/-a) (20)	bande, ligne, file	stripe, streak	Streifen
strålende (adj./part) (11)	rayonnant, brillant, splendide	brilliant, shining	strahlend
student (-en) (1)	étudiant	student	Student(in)
studere (sv.gr.2) (1)	étudier	study	studieren
stue (-en/-a) (11)	salon	living room	Wohnzimmer
stund (-en/-a) (3)	moment	moment, while	Weile, Moment
stykke (-et) (9)	morceau	piece	Stück
større: stor (17)	plus grand	large/larger	größer
støvel (-en) (16)	botte	boot	Stiefel
stå (st.) (11)	être debout, se dresser, être écrit	stand	stehen
sukke (sv.gr.1) (19)	soupirer	sigh	seufzen
sult (-en) (4)	faim	hunger	Hunger
sulten (adj.) (4)	avoir faim	hungry	hungrig
sum (-men) (22)	somme, montant	sum	Summe
svare (sv.gr.2) (11)	répondre	answer	antworten
svart (adj.) (4)	noir	black	schwarz
sveve (sv.gr.1, 3) (13)	planer, flotter dans l'air	glide	schweben
svinge (sv.gr.1/2) (17)	tourner	swing	schwingen, drehen
svært (adv.) (12)	très, considérablement	very, considerably	sehr
svømme (sv.gr.2) (16)	nager	swim	schwimmen
syk (adj.) (11)	malade	ill	krank

sykebil (-en) (11)	ambulance	ambulance	Krankenwagen
sykehus (-et) (11)	hôpital	hospital	Krankenhaus
sykepleier (-en/-a) (11)	infirmier/-ère	nurse	Krankenschwester
sykkel (-en) (16)	vèlo	bicycle, bike	Fahrrad
sykle (sv.gr.1) (16)	faire du vélo	cycle, ride a bike, bike	radfahren
syltetøy (-et) (4)	confiture	jam	Marmelade
synd (-en/-a) (21)	dommage	pity	Schade(n), Sünde
det var synd at (21)	c'est dommage que	it's a pity that	Schade, dass ...
synes (st.) (9)	trouver, penser estimer	find, think	finden, der Meinung sein
sysselmann (-en) (13) (på Svalbard)	le préfet à Svalbard	district governor (on Svalbard)	Sysselmann (auf Spitzbergen)
systematisk (adj.) (21)	systématique	systematic	systematisch
særlig (adj.) (10)	spécial, particulier	special, particular	speziell
særlig (adv.) (10)	surtout, notamment	especially	besonders
ikke noe særlig (22)	ne pas tellement rien de special	not especially/particularly	nicht besonderes
søke (sv.gr.2) (24)	demander, chercher	seek, look for	suchen, sich bewerben
søke stilling som (24)	solliciter le poste de	apply for an position as	sich um eine Stelle als ... bewerben
søker (-en) (24)	candidat	applicant	Bewerber(in)
søkerliste (-en/-a) (24)	liste des candidats	list of applicants	Bewerberliste
søknad (-en) (24)	demande d'emploi, dossier de candidature	application	Bewerbung
søndag (7)	dimanche	Sunday	Sonntag
sør for (5)	au sud de	south of	südlich von
sørover (14)	vers le sud	southwards	südwarts, Richtung Süden
søster (-en/-a) (11)	soeur	sister	Schwester
søt (adj.) (4)	doux, sucre, gentil, mignon	sweet	süß, nett, freundlich
så (adv.) (3)	ensuite, puis	so, subsequently	dann, darauf
så (adv.) (10)	alors, donc	so	daher, deshalb
så (konj.) (23)	si bien que	so	so dass
så mye (10)	tant	so much	so viel
så pent (3)	qu'est - ce que c'est beau!	so nice	wie schön
så ... som (14)	aussi ... que	as much ... as	so ... wie
så vidt (11)	à peine	hardly	gerade, eben
sånn (dem.) (7)	tel, ainsi, comme cela	so, now then	so
sår (-et) (20)	blessure	wound	Wunde

T

ta (st.) (3)	prendre, tenir	take	nehmen, machen
ta av (17)	décoller	take off	abheben
ta bilder av (6)	prendre des photos de	take photos of	Bilder/Fotos machen von
ta feil av (12)	se tromper	mistake ... for ...	sich irren
ta fram (6)	sortir	take out	herausnehmen
ta imot (13)	recevoir	receive	empfangen
ta på seg (11)	mettre	put on	(sich) anziehen
tak (-et) (3)	toit, plafond	roof	Dach, Decke
tak (-et) (12)	prise	here: get hold of, (grip, hold)	Griff
takk	merci	thank you	Danke
takk for sist (5)	(formule de politesse: «merci pour la dernière fois»)	expression of politeness (after previous meeting)	(Dankesformel)
takke (sv.gr.1) (8)	remercier	thank	danken
takket (adj.) (13)	dentelé	dented, ragged	gezackt
takket være (20)	grâce à	thanks to	dank ...

takkonstruksjon (-en) (10)	structure de plafond, construction des toits	roof construction	Dachkonstruktion
tale (sv.gr.2) (19)	parler	talk	reden
ikke tale om! (19)	pas question!	no way!	kommt nicht in Frage!
tall (-et) (22)	nombre, chiffre	figure	Ziffer, Zahl
tanke (-en) (19)	pensée	thought, idea	Gedanke
te (-en) (4)	thé	tea	Tee
teater (-et) (10)	théâtre	theatre	Theater
teknisk (adj.) (22)	technique	technical	technisch
tekst (-en/-a) (1)	texte	text	Text
telfonboks (-en) (14)	cabine téléphonique	phone box	Telefonzelle
tenke (sv.gr.2) (8)	penser	think	denken
tenne (sv.gr.2) (20)	allumer	light	(an)zünden
teppe (-et) (2)	tapis	carpet	Decke, Teppich
tett (adj.) (21)	dense, étanche	dense, tight	dicht
holde tett (21)	ne rien dire, garder le secret	say nothing, keep one's mouth shut	dicht halten
tid (-en/-a) (9)	temps	time	Zeit
i tide (21)	à temps	in time	rechtzeitig
tidlig (adj./adv.) (7)	tôt	early	früh
til (prep.) (1)	à, vers, jusqu'à, en, pour	to	zu, nach, von, in an, bis
til (konj.) (1)	jusqu'à ce que	to	bis
to bilder til (3)	encore deux photos	two more pictures	zwei Bilder noch
til minne om (11)	en souvenir de	in memory of	zur Erinnerung an
til og med (13)	même, jusqu'à ... inclus	even	bis einschließlich ...
til sammen (6)	au total, en tout	a total of, all together, in all	zusammen
til tross for (20)	malgré	in spite of	trotz
tilbake (adv.) (6)	en arrière, de retour	back	zurück
tilfeldigvis (adv.) (22)	par hasard	by chance, accidentally	zufällig, durch Zufall
time (-en) (8)	heure	hour	Stunde
timevis (adv.) (19)	des heures	for hours	stundenlang
i timevis (19)	pendant des heures	for hours	stundenlang
ting (-en) (15)	chose, objet	thing	Sache, Ding
tinghuset (22)	palais de justice	courthouse	Gericht(sgebäude)
tirsdag (7)	mardi	Tuesday	Dienstag
tjern (-et) (23)	petit lac, étang	small lake, tarn	kleiner See
to (2)	deux	two	zwei
tog (-et) (7)	train	train	Zug
toll (-en) (22)	douane	customs	Zoll
tollseddel (-en) (6)	étiquette de douane	customs declaration	Zollerklärung
topp (-en) (13)	sommet	top	(Berg)spitze
det/dette er toppen (13)	le comble	that really is the limit!	das/dies ist die Höhe
tore (mod.) (17)	oser	dare, venture	wagen
torg (-et) (5)	place du marché	market(place)	Markt(platz)
torsdag (7)	jeudi	Thursday	Donnerstag
trang (adj.) (17)	étroit, juste, serré	narrow	eng
transport (-en) (22)	transport	transport	Transport, Beförderung
transportere (sv.gr.2) (15)	transporter	transport	verfrachten
trapp (-en/-a) (10)	escalier	staircase	Treppe
tre (-et) (3)	arbre, bois	tree	Baum
treffe (st.) (10)	rencontrer	meet	treffen, begegnen
tregrense (-en/-a) (23)	limite de la végétation ligueuse, limite supérieure de l'arbre	timber line	Baumgrenze
trekke (st.) (24)	tirer, retirer	withdraw, consecutive	ziehen
i trekk (20)	de suite		zusammenhängend
trenge (sv.gr.2) (12)	avoir besoin de	need	brauchen, benötigen

trille (sv.gr.1) (16)	rouler, transporter brouetter	roll	rollen, schieben
trist (adj.) (10)	triste	sad	trist, traurig
tro/tru (sv.gr.4) (7)	croire	believe	glauben
troll (-et) (9)	«troll», ogre	«troll», ogre	Troll, Riese
trygg (adj.) (21)	sur, rassuré	safe	sicher, geborgen
tung (adj.) (3)	lourd	heavy	schwer
tunnel (-en) (3)	tunnel	tunnel	Tunnel
turist (-en) (17)	touriste	tourist	Tourist
tusen (1)	mille	thousand	tausend
tusen takk (1)	merci beaucoup	thank you very much	vielen Dank
tv-apparat (-et) (15)	téléviseur	television set	Fernseher
tvil (-en) (15)	doute	doubt	Zweifel
tvinge (st.) (17)	forcer, contraindre	force	zwingen
tyde på (sv.gr.1, 4) (15)	indiquer, faire soupçonner	indicate	darauf hindeuten
tygge (sv.gr.1) (18)	mâcher	chew	kauen
tykk (adj.) (16)	épais, gros	fat	dick
tynn (adj.) (9)	mince, maigre, fin, *ici*: léger	thin, here: light	dünn
tysk (adj./sub.) (7)	allemand	German	deutsch
tøffel (-en) (16)	pantoufle	slipper	Hausschuh
tørst (-en) (4)	soif	thirst	Durst
tørst (adj.) (4)	avoir soif	thirsty	durstig
tåke (-en/-a) (20)	brume, brouillard	fog	Nebel
tårn (-et) (20)	tour, tourelle	tower	Turm

U

ubehagelig (adj.) (11)	désagréable	unpleasant	unangenehm
ubrukt (adj./part) (18)	tout neuf, qui n'a pas servi	unused	nicht gebraucht
uhell (-et) (12)	mésaventure, incident	accident	Pech, Unglück
uke (-en/-a) (7)	semaine	week	Woche
ukedag (-en) (7)	jour de la semaine	weekday	Wochentag
ukjent (adj./part) (12)	inconnu	unknown	unbekannt
ullteppe (-et) (16)	couverture (en laine)	blanket	Wolldecke
ulykke (-en/-a) (19)	accident, malheur	accident	Unfall, Unglück
umulig (adj.) (22)	impossible	impossible	unmöglich
unaturlig (adj.) (20)	peu naturel, artificiel, *ici*: tordu	unnatural	unnatürlich
under (adj./prep.) (17)	dessous, sous, au-dessous de	under	unter, unterhalb
underskrive (st.) (24)	signer, souscrire	sign	unterschreiben
underst (adj./adv.) (18)	tout en bas, tout au fond	at the bottom	unterst, ganz unten
undersøke (sv.gr.2) (11)	examiner, explorer, vérifier	examine	untersuchen
undersøkelse (-en) (11)	examen, recherches	examination, inquiry	Untersuchung
undervise (sv.gr.2) (22)	enseigner	teach	unterrichten
ung (adj.) (7)	jeune	young	jung
unge (-en) (19)	enfant, gosse	child	Kind
universitet (-et) (13)	université	university	Universität
unnskyld (2)	pardon	here: excuse me	Entschuldigung
urolig (adj.) (16)	agité, turbulant, inquiet	agitated, uneasy	unruhig
usett (adj./adv.) (17)	inaperçu, sans être vu	unseen	ungesehen
uskyldig (adj.) (21)	innocent	innocent	unschuldig
usympatisk (adj.) (18)	antipathique	unpleasant	unsympatisch

ut (adv.) (10)	dehors	out	hinaus, heraus
ute (adv.) (10)	dehors	out	draußen
utenfor (adv./prep.) (2)	hors de, devant, au dehors	outside	draußen, außerhalb
utenlandsk (adj.) (4)	étranger	foreign	ausländisch
utenpå (adv./prep.) (15)	par-dessus, sur	on the surface, outside	auf, an
utfor (adv./prep.) (19)	vers le bas, en descendan	here: run off the road	herab, hinab
utføre (sv.gr.2) (19)	exécuter, faire	execute, carry out	ausführen
utgang (-en) (15)	sortie	exit	Ausgang
være på utkikk etter (23)	être à la recherche	look for	Ausschau halten
utlending (-en) (22)	étranger	foreigner	Ausländer(in)
utlyse (sv.gr.2) (24)	afficher (un poste)	advertise	ausschreiben
utrolig (adj.) (23)	incroyable, inimaginable, extraordinaire	unbelieveable	unglaublich
utsatt for noe (19)	être exposé à, être sujet à	melt with an accident	erleiden
utsikt (-en) (9)	vue, panorama	view	Aussicht
utstyr (-et) (17)	équipement	equipment	Ausrüstung
utstyre (sv.gr.2) (22)	équiper	supply	ausstatten, versehen
utålmodig (adj.) (15)	impatient	impatient	ungeduldig
uvirkelig (adj.) (23)	irréel	unreal	unwirklich

V

vaffel (-en) (4)	gaufre	waffle	Waffel
vakker (adj.) (5)	beau	beautiful	schön
vakt (-en/-a) (11)	garde	guard	Wache
vaktluke (-en/-a) (18)	guichet de garde	small window in the guardroom	Anmeldung
valg (-et) (21)	choix	choice	Wahl
valuta (-en) (22)	devise	currency	Währung
vandrerhjem (-et) (15)	auberge de jeunesse	youth hostel	jugendherberge
vanlig (adj.) (20)	ordinaire, habituel	ordinary	gewöhnlich, alltäglich
vann (-et) (14)	eau, lac	water	Wasser
vannkant (-en) (19)	bord de l'eau	water's edge	Ufer(rand)
vant til (16)	avoir l'habitude de, être habitué à	used to	gewohnt sein
varebil (-en) (16)	camionette (de livraison)	(delivery)van	Lieferwagen
vask (-en) (2)	lavabo	sink	Waschbecken
ved (prep.) (4)	près de, auprès de, sur, à, par	by	an, neben, durch, um
ved 9-tida (14)	vers (les) 9 h	at 9 o'clock a.m.	um 9 Uhr
ved siden av (8)	à côté de	beside, next to	neben
vegg (-en) (21)	mur	wall	Wand
vei (-en) (2)	route, chemin	road	Weg
på vei til (3)	en route vers	on the way to	auf dem Weg nach/zu
veie (sv.gr.3) (6)	peser	weigh	wiegen
vekk (adv.) (20)	loin, parti	away	weg
vekke (sv.gr.1/2) (16)	réveiller	wake	wecken
vel (adv.) (8)	bien, je pense, je suppose, j'espère	I suppose ...	wohl, schon, doch, zwar
veldig (adj./adv.) (8)	vraiment, très, énormement, énorme	very, extremely, enormous(ly)	riesig, enorm, sehr
velkommen (adj.) (1)	bienvenu	welcome	willkommen
vende (sv.gr.2) (11)	tourner	turn	wenden, drehen, gehen
venn (-en) (5)	ami	friend	Freund(in)
vennlig (adj.) (12)	aimable, bienveillant	friendly	freundlich

vennskap (-et) (13)	amitie	friendship	Freundschaft
venstre (adj.) (11)	gauche	left	links
vente (sv.gr.1) (7)	attendre	wait	warten
vente på at (10)	attendre que	wait for	warten (darauf), dass
verdifull (adj.) (21)	précieux, d'une grande valeur	valuable	wertvoll
verken .. eller .. (13)	ni .. ni ..	neither ... nor ...	weder ... noch
verste: *dårlig, vond* (17)	le pire	worst	schlimmst, schlechtest
vi (pron.) (2)	nous	we	wir
videre (adv.) (3)	plus loin, en avant	further	weiter
så vidt (24)	à peine	only, just, scarcely, barely	gerade eben
vikingskip (-et) (9)	drakkar, vaisseau des vikings	viking ship	Wikingerschiff
viktig (adj.) (12)	important	important	wichtig
ville (st.) (1)	vouloir	want	wollen
ville noen noe (12)	voiloir qch. à qn.	want sth. from sbd.	etwas von jemandem wollen
vin (-en) (5)	vin	wine	Wein
vindu (-et) (2)	fenêtre	window	Fenster
vinne (st.) (21)	gagner	win	gewinnen
vinter (-en) (13)	hiver	winter	Winter
virke (sv.gr.1) (18)	avoir l'air de, sembler	seem	wirken, scheinen
virke (19)	agir, fonctionner	function	wirken, funktionieren
virkelig (adj./adv.) (4)	réel, vrai, véritable, authentique	here: really	wirklich, tatsächlich
vise (sv.gr.2) (7)	montrer, faire voir, manifester	show	zeigen
vise rundt (8)	faire visiter	show around	führen
vise seg (18)	se montrer, paraître, apparaître	appear	sich zeigen, auftauchen
det viste seg å være (14)	s'est trouvé être s'est avéré être	it proved to be	es stellte sich heraus, dass
visst (adv.) (6)	certainement, sûrement, il paraît que	certainly	sicher
vite (st.) (6)	savoir	know	wissen
vitne (-et) (24)	témoin	witness	Zeuge
vogn (-en/-a) (7)	voiture, wagon	carriage	Wagen
vokse (sv.gr.2) (23)	croître, pousser	grow	wachsen
vond (adj.) (11)	douloureux, mauvais	painful, evil	schlimm, weh, schmerzhaft
vær (-et) (3)	temps	weather	Wetter
vær så god (1)	tenez, voici, faites. vous desirez? je vous en prie	please, help yourself	bitte schön
være (st.) (1)	être	be	sein
være med på noe (15)	accepter, participer	be in on sth., take part in, participate	tun, mitmachen
være over (12)	être passé, terminé	be over	vorbei sein
vær vennlig å (12)	veuillez	kindly, please	sei so nett
værelse (-et) (24)	chambre	room	Zimmer
værmelding (-en/-a) (23)	prévisions météoro-logiques, météo	weather forecast	Wettervorhersage
vørterøl (-et) (4)	bière brune sans alcool	malt beer	alkoholfreies Bier/ Malzbier
våken (adj.) (16)	réveillé	be awake	wach
våkne (sv.gr.1) (11)	se réveiller	wake up	aufwachen

vår (pron.) (13)	notre	our	unser
vår (-en) (19)	printemps	spring	Frühling

W

WC (-et) (11)	les WC	WC, toilet	Toilette

Ø

ødelagt (adj./part) (15)	détruit, gâché	damaged, ruined, spoilt	zerstört, kaputt
ødelegge (st.) (16)	détruire, abîmer, gâcher	ruin, spoil	zerstören
øl (-et) (4)	bière	beer	Bier
øl (-en) (4)	un verre/une bouteille de bière	a glass/bottle of beer	ein Glas/eine Flasche Bier
øre (-en) (6)	centime norvégienne	Norwegian monetary unit	norwegische Münzeinheit
øre (-et) (16)	oreille	ear	Ohr
ørret (-en) (23)	truite	trout	Forelle
øverst (adj./adv.) (21)	tout en haut, au sommet, au premier rang	uppermost	oberst, ober, oben
øy (-a) [-en] (22)	île	island	Insel
øye (-et) (16)	oeil	eye	Auge
få øye på (21)	apercevoir	catch sight of	entdecken
øyeblikk (-et) (14)	moment	moment	Augenblick
i siste øyeblikk (21)	au dernier moment	in the nich of time at the last moment	im letzten Augenblick
øyenbryn (-et) (18)	sourcil	eyebrow	Augenbraue

Å

å ja (6)	ah bon	Oh yes	ach so
åpne (sv.gr.1) (8)	ouvrir	open	öffnen
år (-et) (10)	an, année	year	Jahr
... år gammel (14)	âgé de ... ans	... years old	... Jahre alt
årsak (-en) (6)	cause, raison	reason, cause	Grund, Ursache
ingen årsak (6)	il n'y a pas de quoi	don't mention it, not at all, you're welcome	gern geschehen

ISBN 978-82-03-33496-3

Redaktør: Gro Schaathun
Grafisk formgivning/omslagsdesign:
Marit Heggenhougen
Layout: Liven Sørum
Omslagsfoto: Samfoto/Stig Tronvold
Bilderedaktør: Liz Bowman Halaas
Illustrasjoner: Didrik Tollefsen
Grunnskrift: Minion
Papir: 100g Arctic Matt
Trykk og innbinding: AIT Otta AS

Bildeliste
© Foto:
Fjellanger Widerøe AS 4, Samfoto/Sari Poijärvi/Gorilla 5,
Samfoto/Svein Erik Dahl 6, 65, 113, 138, Samfoto/Fred Friberg 10,
Samfoto/Ragnar Frislid 14, Sjøberg/D & J Heaton 18, Samfoto/Espen Bratlie 25, 157,
Samfoto/Anne Sidsel Herdlevær 30, 71, Samfoto/David Trood 36, Jan B's Foto A/S 41,
Samfoto/Marianne Grøndahl 48, Samfoto/Asgeir Helgestad 49, Samfoto/Bård Løken 50,
Samfoto/Tore Wuttudal 56/57, Samfoto/Tom Schandy 79, Scanpix/Bjørn-Owe Holmberg 85,
NPS/AGE/Joan Comalat 106, Sjøberg/Bavar 129, Scanpix 143, Samfoto/Kim Hart 150.